3년 만에 순자산을 10배 이상 키운 제이크 차의

인플레이션 시대,
상승할 아파트 하락할 아파트

3년 만에 순자산을 10배 이상 키운 제이크 차의

—— 인플레이션 시대, ——

상승할 아파트

하락할 아파트

● **제이크 차** 지음 ●

이레미디어

　연일 신고가를 내뿜었던 부동산 시장이 작년 9월 전후부터 사뭇 다른 분위기를 보이고 있다. 올해 초 이사철이 되고 날씨가 따뜻해지면 부동산 시장에도 다시 온기가 돌 것이라 생각했던 많은 이의 예상과 달리 여전히 얼어붙은 채 계속 흘러가고 있다. 상황이 이렇다보니 투자자들뿐만 아니라 전문가들도 부동산 전망을 쉽사리 하지 못하고 있다.

　부동산 시장은 부동산에 영향을 주는 다양한 변수에 의해 크고 작은 사이클을 타며 움직인다. 따라서 공부할 내용이 많다. 다만 기준점을 잡지 않고 부동산 공부를 한다면 다소 혼란스러울 수 있다. 그런 점에서 이 책은 부동산 시장의 미래를 읽고 제대로 부동산 투자 공부를 하고 싶은 이들이 기준점으로 삼기에 좋다. 실전 투자자인 저자의 지역 접근 기준과 부동산 매수·매도 타이밍, 투자 판단 기준 등을 숙지하고 활용한다면 까먹지 않는 투자(잃지 않는 투자)를 평생 이어나갈 수 있다.

　"한 사이클만 잘 타도 충분히 부자가 될 수 있다"는 저자의 이야기가 기억에 남는다. 일생에 최소 3, 4번의 기회가 온다고 하니 이 책을 통해 각자에게 맞는 때를 기다리며 준비해보면 어떨까?

김종후, 유튜브 <후랭이TV> 운영자

과거의 경험과 넘치는 정보의 홍수 속에서 여전히 우리나라 부동산 시장을 제대로 분석하고 예측하기는 어렵다. 내로라하는 부동산 전문가들조차 헛발 짚는 경우가 다반사인 상황에서 일반인들이 분석을 하고 판단을 한다는 것은 바위에 계란 치기와 다를 바 없다. 그래서 많은 독자가 검증되지 않은, 넘치는 유튜브의 정보 속에서 헤매다 갈 길을 잃어버리기도 하고, 서점에서 수많은 부동산 서적을 뒤적이다 포기하기도 하며, 심지어 거액의 컨설팅비를 지불하면서 쉽게 답을 찾으려다 오히려 큰 손실을 입기도 한다.

부동산 투자에서 가장 중요한 것은 잡은 물고기가 아니라 물고기를 잡을 수 있는 능력이다. 대부분 사람들은 손쉽게 물고기를 손에 쥐고 싶어서 "그래서 어디에 투자해야 해?", "그래서 언제 사고팔아야 해?" 같은 단편적인 해답을 갈망한다. 이 책은 그런 투자자들의 마음을 유혹하는, 악마의 덫이 난무하는 부동산 시장에서 제대로 된 물고기 잡는 법을 알려준다. 부동산 정책 방향, 1주택자와 다주택자의 투자 전략 등 궁금한 부분들을 긁어주고, 어느 지역에 투자하는 것이 현명한지에 대하여 꼼꼼히 체크해준다.

다양한 빅데이터 차트를 활용하여 투자 전략과 매수, 매도 타이밍까지 잡을 수 있는 부동산 전문가 수준의 능력을 가지고 싶다면 반드시 이 책을 읽어 보기 바란다. 부동산 전문가인 나도 이 책을 참고서처럼 책상 옆에 하나 두고 싶다.

김인만, 김인만부동산경제연구소 소장

부동산 지금 괜찮을까?
목돈 없으면 투자 못 할까?

팬데믹 이후 유동성 회수로 인해 금융시장은 큰 충격을 받았다. 성장주나 코인은 전 고점 대비 50% 이상 떨어진 종목이 많이 보인다. 그런데 부동산시장은 거래량이 줄어드는 등 얼어붙어 있지만 20% 정도 조정이 있을 뿐 금융시장처럼 반토막 나지는 않았다. 예를 들면 5억 원짜리 아파트가 10억 원이 되면서 5억 원 정도 시세 차익이 생긴 뒤 1~2억 원 떨어지는 현상이 있을 뿐이다. 모든 자산은 길게 보면 우상향하지만, 짧게 보면 항상 굴곡이 있다. 짧게 보았을 때 금융시장은 엄청난 충격으로 손절하곤 하지만 부동산 시장은 그렇지 않다. 거래의 특수성 때문이다. 주식처럼 클릭 한 번으로 전체를 매도하기가 힘들고, 종목당 부분 매도를 할 수도 없다. 또 사고파는 데 두 달 이상 걸리고, 거래가 얼어붙으면 팔려고 해도 팔 수 없다. 환금성이 좋지 않은 것은 단점이지만, 장기적인 관점에서 보면 오히려 장점이다. 부동산시장이 얼어붙으면 실거주를 할 수도 있고, 다시 상황이 정상으로 돌아왔을 때는 제 갈 길을 갈 수 있다. 즉 길게 보면 안정적으로 우상향한다.

팬데믹이 막 발생했을 때 주식시장은 엄청난 하락을 보였다. 그리고 '부동산도 떨어질까?' 생각하는 동안에 다시 주식시장이 올라와 버렸다. 즉 별 반응 없이 제 갈 길을 갈 것이다. 민감한 주식시장에 비해 부동산은 매우 둔한 감이 있고, 때로는 그게 장점이 되기도 한다. 이런 특성을 잘 활용하면 시간이 내 편인 투자를 할 수 있다. 무식해 보일 수도 있지만 우직하게 나아가면 큰 충격 없이 자산을 증식시킬 수 있다.

'대세 상승장이다', '이제부터 대세 하락장이다'를 말하려는 것이 아니다. 유튜브나 SNS에서 극단적으로 말하는 사람들은 노이즈 마케팅을 노리고 조회 수를 늘려서 수익을 창출하려는 것이다. 이러한 마케팅에 현혹되지 말고 진실을 꿰뚫어 보아야 한다. 상승 조건에 부합하는 지역이라면 결국 상승할 것이고, 하락 조건에 부합한다면 하락할 것이다. 이 책에서는 상승과 하락 조건들을 명확하게 기술했고, 매수 타이밍과 매도 타이밍을 잡는 방법도 데이터화해서 나타냈다. 팬데믹 유동성으로 전국의 부동산이 다같이 오르는 시기는 끝났다. 어떻게 보면 정상화된 것이다. 지역마다 각 조건들에 맞게 움직일 것이다. 그래서 우리는 철저하게 분석하고 연구해서 투자를 해야 한다. 부동산 정책, 세금 등도 점점 정상화되어가고 있다. 이제 다시 본질로 돌아왔다. 더 이상 운에 맡기지 말고, 실력을 키워서 당당하게 수익을 내서 부자가 되자.

그렇다면 부동산 투자는 돈이 많아야만 할 수 있을까? 대부분의 사람들은 어느 정도 규모 이상의 시드머니를 만들어야만 투자를 시작할 수 있을 것이라 생각한다. 이러한 착각 때문에 많은 사람들이 투자의 기회를 놓치고, 시작도 하기 전에 쉽게 부동산 투자를 포기해버린다. 또 소액으로 할 수 있는 것은 주식이나 코인뿐이라고 생각한다. 하지만 노력만 한다면 투자금이 많지 않아도 부동산 투자를 할 수 있다.

지식과 노력, 끈기만 있다면 지금도 내 돈 없이 투자할 수 있는 무피투자*, 심지어 투자하고도 돈이 더 생기는 플피투자**를 할 수 있다. 값이 오를 것이 확실한 곳을 잘 분석해서 무피투자나 플피투자를 할 수 있다면, 돈이 없어도 투자를 할 수 있는 것이다.

결국 돈이 없어서가 아니라, 게으름과 부족한 지식 때문에 부동산 투자를 못하는 것이다. 물론 필자도 게으름 때문에 투자 기회를 놓친 사례가 수없이 많다. 조금만 더 노력하고 부지런했다면 어땠을까, 하는 아쉬움에 지금은 열심히 분석하고 현장을 답사한다.

요즘에는 아파트 실거래가를 보기 좋게 정리해둔 사이트가 많다. 필자는 '아실'이라는 사이트를 즐겨 보는데, 신뢰도가 높은 실거래가를 한눈에 볼 수 있기 때문이다.

전라북도 전주시의 사례를 통해 어떻게 투자하는지 실제로 살펴보자. 전주시의 구축 아파트는 사실상 10년 동안 횡보하거나 하락했고, 이제야 10년 전 전고점을 회복하여 넘어서고 있다. 10년간 못 올라와 한이 맺혔

---

* '프리미엄(P)이 없다(無)'는 뜻으로, 내 돈을 전혀 들이지 않고 투자하는 방법을 뜻한다. 즉, 투자금이 하나도 들지 않는 방법이다.

** '프리미엄(P)이 플러스(+)된다'는 뜻으로, 투자를 하고 나서 오히려 돈이 플러스되는 것을 뜻한다. 즉, 투자금이 들지 않을 뿐만 아니라, 돈이 더 들어오는 투자 방법이다.

는지, 전세부터 무섭게 치고 오르면서 매매가를 넘어서는 현상이 발생하고 있다. 본문에서도 다루겠지만, 전세가는 그 시장의 힘과 에너지를 보여준다. 매매가 횡보하고 있을 때 전세가가 무섭게 오른다면, 상승할 수 있는 에너지가 응축된 것이다.

전라북도 전주시 서신동 광진아파트 105동 90＊호의 경우, 작년 여름에 1억 3800만 원에 매매되고 한 달 뒤 1억 9천만 원에 전세 거래가 이뤄졌다. 한 달 동안 완전히 수리해서 새 집처럼 고쳐 전세를 높게 내놓은 사례다.

📍 그림 0-1 전라북도 전주시 서신동 광진아파트 실거래가

＊ http://asil.kr/asil/index.jsp (검색일: 2022.2.1.)
  이후 실거래가 그림은 모두 아실에서 검색한 결과다.

◈ 그림 0-2 전라북도 전주시 서신동 광진아파트 실거래가

21.07 31	전세 1억 7,000	59	101동 8층
101동 80*호			동,히스토리 삭제
21.07.31 전세	1억7,000만		
21.05.21 매매	1억3,250만	15년 3개월 +6,500만 ↑	
06.02.27 매매	6,750만		

27	전세 1억 7,000	59	102동 10층
102동 100*호			동,히스토리 삭제
21.07.27 전세	1억7,000만		
21.03.04 매매	1억1,900만	14년 7개월 +4,900만 ↑	
06.08.31 매매	7,000만		

23평형 아파트로 1200만 원의 수리 비용이 들었다고 가정하면, 총 매수 비용은 (1억 3800만 원+1200만 원=1억 5천만 원)일 것이다. 한 달 뒤에 바로 1억 9천만 원에 전세를 내놓았으니, 투자를 한 후 4천만 원이 수중에 남는다. 물론, 중간에 매매 계약을 먼저 하고 수리하면서 전세 계약을 체결시키려면 부동산 및 수리업체와 잘 협업하는 능력이 필요하다. 스킬이 뛰어난 사람들은 부동산 사장님(공인중개사)에게 잠시 돈을 융통하기도 한다. 부동산도 사람이 하는 일이기 때문에 정말 가능성이 무궁무진하다. 이러한 스킬은 몇 번 경험하면 얻을 수 있다.

이런 사례를 너무 극단적이라고 생각할 수 있지만, 이 일대에서는 적어도 2년 이상 이러한 플피투자가 가능했고 지금도 그렇다. 같은 아파트의 다른 동호수에서 비슷한 사례를 여럿 볼 수 있다.

이 아파트뿐만 아니라 서신동, 송천동 등 전주시에 있는 많은 아파트에 이런 기회가 있다. 물론, 매매가보다 전세가가 높다고 해서 무조건 투자에 성공한다는 말은 아니다. 필자가 《저평가된 알짜 아파트 한 채》에서 이야기했듯, '지구-숲-나무-나뭇잎'을 분석해서 나온 유망한 지역 중에서 이러

한 기회가 있다면 금상첨화다. 즉, 기회가 있는 곳을 찾아내는 안목을 갖추고 노력한다면 투자금이 없어도 투자할 수 있다는 말이다.

이런 일은 지방에서만 가능한 것 아니냐고 생각할 수 있지만, 수도권에서도 가능하다. 다음 그림에서 아파트 실거래가를 살펴보자. 경기도 수원시 벽적골롯데아파트 942동 30*호의 경우, 2021년 초에 2억 9900만 원에 매매해서 그해 말에 3억 1천만 원에 전세를 놓았다. 물론 11개월의 공백기에 대출을 받아서 버티든, 실거주나 단기임대를 놓아서 버티든, 방법은 있다. 대출 이자가 나가도 전세를 놓아서 투자금이 거의 들지 않는 무피투자가 가능한 것이다. 이러한 사례나 기회는 전국적으로 찾아보면 무수히 널

📍 **그림 0-3 경기도 수원시 벽적골 롯데아파트 실거래가**

려 있다.

이 책의 후반부에서도 자세히 다루고 있지만, 일부러 공실을 만들고 전
세가가 올라오면 전세를 높은 가격에 놓아 투자금 이상으로 회수하는 공
실 플피투자도 할 수 있다. 꼭 전세가 아니더라도 매매가가 높아지면 공실
로 놓았다가 매도하는 투자 방법도 있다. 개개인의 상황에 따라 투자 방법
과 전략은 여러 가지로 달라진다.

《저평가된 알짜 아파트 한 채》에서 부동산 투자의 기본기를 다루었다
면, 이 책은 빡빡한 규제 때문에 각자도생해야 하는 부동산 투자자들이 현
명한 투자 전략을 세울 수 있게끔 지침서 역할을 할 것이다.

차
례

1장 ─── 윤석열 새 정부 출범! 부동산의 미래는 어떻게 될까?

**2장 ──── 차트로 보는 공급에 따른 매매지수와 전세지수
그리고 시크릿 상승 조건**

3장 ——— 부동산 투자, 매수 타이밍은 어떻게 잡을까?

4장 ——— 부동산 투자, 매도 타이밍은 어떻게 잡을까?

5장 ——— 구체적으로 살펴보는 아파트 투자 판단 기준

6장 ——— 리스크 관리와 세금 전략

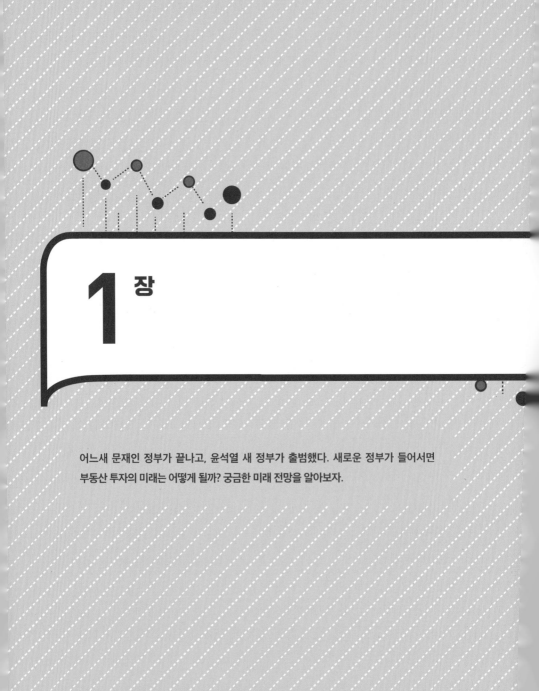

1^장

어느새 문재인 정부가 끝나고, 윤석열 새 정부가 출범했다. 새로운 정부가 들어서면
부동산 투자의 미래는 어떻게 될까? 궁금한 미래 전망을 알아보자.

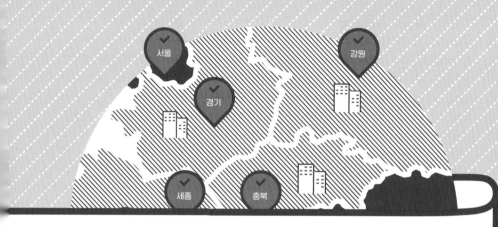

윤석열 새 정부 출범!
부동산의 미래는 어떻게 될까?

윤석열 정부 출범에 따른
부동산 투자 방향성은?

윤석열 정부의 부동산 정책 방향을 살펴보려면, 부동산 관련 공약을 먼저 살펴봐야 한다.

1 | 공급 정책

우선 공급 측면에서 살펴보자. 현재 재건축·재개발에 대한 과도한 규제로 인해 수요가 많은 도심의 주택 공급이 부족해지면서 주택 가격이 폭등하여 많은 국민들이 고통받고 있다. 유주택자는 세금 폭탄, 무주택자는 과도한 대출 규제로 내 집 마련이 어려워지면서 주택 정책 전반에 대한 국민들의 불만이 높은 상황이다. 윤 정부는 시장 안정과 국민 주거 수준 향상을 위해 수요에 부응할 만큼 주택을 충분히 공급하겠다고 한다. 한편, 시장 안정을 위해서는 필요한 경우 추가적으로 공공택지의 단계적인 개발도 고려하고 있다.

새롭게 출범한 정부는 민간 주도로 임기 내 250만 호를 건설하겠다고 내세웠다. 수도권에서만 130만 호 이상, 최대 150만 호를 목표로 삼는다. 우선, 정밀안전진단 기준 합리화와 재건축초과이익 부담금 완화, 신속 통합 인허가, 용적률 인센티브 등으로 47만 호(수도권 30.5만 호)를 공급한다. 그 과정에서 재개발·재건축에 대한 기대감으로 마지막 부동산 가격 상승 불꽃이 튈 것 같다.

그다음 중요한 키워드는 도심 역세권 복합개발 20만 호(수도권 13만 호)다. 교통의 편리성으로 선호되는 역세권 주택들이 날개를 달 것으로 보인다. 도심 복합개발 혁신지구 제도를 도입하여, 도심지역, 역세권, 준공업지역 등 복합적으로 개발한다고 한 것이다. 지하철역의 중요성을 다시 한번 체크하고, 역세권 주택을 집중해서 살펴보자. 또 그동안 많이 오르지 않았던 준공업지역도 알아볼 필요가 있다. 따라서 도심지역·역세권·준공업지역의 3가지 키워드가 부상할 가능성이 크다. [그림 1-1]과 [그림 1-2]처럼 지도를 지적편집도로 바꿔서 보는 연습이 필요하다.

도심지역인 서울특별시에서 준공업지역과 역세권을 살펴보면, 여의도와 목동 사이에 있는 영등포구 당산역과 영등포구청역이 눈에 띈다. 더 좋은 입지를 찾는다면 한강변에 가까운 당산역 주변 지역일 것이다. 이 지역은 사실 교통도 편리하고 좋은 입지인데도 준공업지역이라는 이유로 여의도나 목동에 비해 많이 저평가되어 있었다. 하지만 준공업지역이 키워드로

⚲ **그림 1-1 서울특별시 지도**

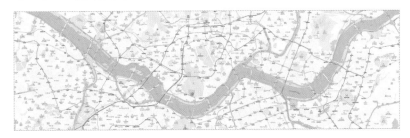

⚲ **그림 1-2 서울특별시 지적편집도**

떠오르면서 복합개발이 일어날 수 있다. 실제로 영등포 당산동6가는 당산역 2호선과 9호선이라는 더블 역세권에 한강변 입지로 인해 신속통합기획 방식으로 민간재개발 1차 후보지로 선정되었다. 이외에도 재건축, 소규모 재건축, 가로주택정비사업, 재정비촉진지구 등 곳곳에서 정비사업이 활발하게 진행 중이다. 새 정부가 들어서면서 정책과 합이 맞으면 더 활기찬 모습을 보일 것이다.

비슷한 면적의 재건축 아파트와 비교해도 현재 시세는 격차가 벌어져 있지만, 복합개발이 실현되면 격차가 예전만큼 좁혀질 수 있다. 이곳은 하

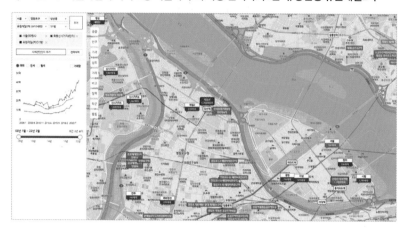

그림 1-3 서울특별시 여의도동 서울아파트, 목동 신시가지6단지, 당산동 유원제일2차

나의 예일 뿐이며 서울 곳곳에서 개발로 인프라가 좋아지는 곳을 잘 분석해보고 눈여겨보자.

한편, 국공유지 및 차량기지 복합개발을 통해 18만 호(수도권 14만 호)를 공급한다고 한다. 차량기지와 지상 전철부지, 미활용 국공유지를 복합적으로 개발한다면, 여기에 해당되는 지역은 호재로 작용하여 집값이 오를 가능성이 크다. 실제로 공급되기까지는 시간이 소요되며, 그 전에는 부동산 가격 상승 요소로 작용한다.

소규모 정비사업도 마찬가지다. 총 물량은 10만 호(수도권 6.5만 호)로 그렇게 많지는 않지만, 인프라가 좋아지면서 주변 지역도 덩달아 힘을 받을 것이다. 이는 기반시설 설치 및 용적률 인센티브, 인허가 절차 간소화 등을 통해 소규모로 주택을 공급하는 사업이다. 기타 13만 호(수도권 12만 호)도 서울 상생주택, 매입약정 민간개발 등으로 비슷한 효과를 보일 것이다. 청년원가주택도 30만 호 공급한다. 물량이 가장 많은 것이 공공택지 142만 호(수도권 72만 호)로, 현재 개발 중인 공공택지 및 GTX 노선상의 역세권 콤팩트시티 건설을 추진한다. GTX 역세권이 단기적으로는 호재로 작용할 수 있지만, 많은 물량이 진짜로 실현되면 추후에는 부담이 될 수도 있으니 잘 지켜봐야 한다.

2 | 재개발·재건축 리모델링 활성화

신규 아파트 공급은 대부분 재개발·재건축을 통해 이루어진다. 지난 5년 간 정비사업 규제가 강화되면서 그 시장이 크게 위축되고 신규 아파트 공급이 급감하였다. 특히, 안전진단평가 항목 중에서 '구조 안전성' 가중치를 높이고 '조건부 재건축' 판정 시에 적정성 검토를 의무화한 후로 재건축 불가 판정이 16.5배나 늘어났다.

정비사업은 지자체의 역할이 중요하지만, 중앙정부 차원에서 규제 합리화를 통해 정책적으로 지원해줘야 한다. 그러므로 윤 정부는 재건축정밀안전진단 기준을 합리적으로 조정할 것이다. 그중 30년 이상 된 노후된 공동주택의 정밀안전진단을 면제하고, 구조 안정성 가중치도 현행 50%에서 30%로 낮출 것으로 보인다. 그 대신 설비 노후도 및 주거환경 가중치를 상향 조정할 것이다.

또한 재건축 초과이익환수제를 완화할 것이다. 그동안 원주민들은 재건축을 하더라도 이익을 환수당해 실익이 없었다. 이득을 보지 못하므로 나서서 재건축을 하지 않았던 것이다. 그래서 윤 정부는 부담금을 부과하는 기준 금액을 높이고 부과율을 낮추며 비용 인정 항목도 확대하겠다고 밝혔다.

흥미로운 점은 역세권 민간재건축사업의 용적률을 현행 300%에서 500%로 조정하겠다고 한 것이다. 그동안 막아놓은 정비사업을 풀어주고 완화해서 공급을 도모하면, 결국 재개발·재건축이 다시금 시장의 분위기를 이끌 것이다. 재개발·재건축은 속도가 생명이므로 안전진단평가를 면제해주면 속도가 빨라질 것이다. 또 재건축초과이익환수제를 폐지하여 재건축 사업의 주체인 조합의 부담을 완화해줌으로써, 사업성이 개선되는 동시에 재건축 사업이 활성화될 것으로 보인다. 즉 재개발·재건축 리모델링 단지의 원주민들이 움직일 타이밍이 왔다.

분양가 규제 운영도 합리화한다. 토지 비용과 건축비, 가산비 산정을 현실화하고, 이주비, 명도 소송비 등 정비사업의 특성을 현실적으로 반영한다. 기부채납 운영 기준도 마련한다. 도시 및 주거환경정비법 규정에 따라 과도한 기반 시설 기부채납 방지를 위해 국토부장관이 작성하고 고시한다. 사업성이 낮아서 재개발을 못했던 지역에서는 공공 참여 재개발을 추진한다. 지자체는 용도 지역을 상향하여 사업성을 확보하고, 중앙정부는 기반 시설을 무상 양도하고 사업비를 지원한다. 이런 식으로 윤 정부의 정비사업 활성화 정책이 잘 실현된다면, 우리나라 도시의 인프라가 많이 발전할 것이다.

재개발·재건축뿐만 아니라 리모델링도 신속하게 추진하기 위해 법과 제도를 개선해야 한다. 주택법과 별도로 '리모델링 추진법'을 제정하고, 안전 진단 및 안전성 평가 절차를 개선하기 위해 안전성 검토 과정에 국토부산하 기관뿐만 아니라 민간 참여도 확대한다. 또 리모델링 수직·수평 증축 기준도 정비한다.

재개발·재건축·리모델링의 규제 완화를 통해 200만 호를 공급하겠다는 말은 결국 정비사업을 활성화하여 현실성 있게 공급하겠다는 뜻이다. 그런데 분양을 해도 공급하는 데는 최소 3년이 걸린다. 그래서 분양 예정 물량을 가지고 앞으로 3년간의 공급을 파악하는 것이다. 그러므로 공급되기 전에 재개발·재건축 사업이 활성화되면서 분위기가 상승된다. 물론, 한꺼번에 공급이 몰리면 시장은 또 힘든 시기를 겪을 것이다.

3 | 1기 신도시 재정비

1기 신도시 재정비는 정비사업 활성화 정책과 일맥상통한다. 수도권 신도시인 분당, 평촌, 산본, 중동, 일산에는 약 30만 가구가 들어섰지만, 30년이 지나자 건물이 노후화되면서 층간소음 문제가 불거지고 주차 시설이 부족해지는 등 생활이 불편해졌다. 그런데 1기 신도시는 평균 용적률이 높아서 기존의 재정비 원칙을 적용하기가 어렵다. 그러자 윤 정부는 1기 신도시 재정비사업 촉진을 위해 특별법을 제정하겠다고 약속했다. 인허가 절차를 간소화하고, 안전 진단 규제를 완화하며, 금융 지원, 토지 용도 변경, 용적률 상향을 비롯하여 세입자 이주 및 재정착 대책도 세울 예정이다. 이를 통해 양질의 주택 10만 호를 공급하기 위한 기반을 구축할 것이다. 이 정책을 현실화하기 위해 3기 신도시와 중소 규모의 공공택지개발사업지구 등에 1기 신도시 재정비를 위한 이주 전용 단지를 마련하고, 1기 신도시 순환 개발을 추진하여 재정비사업에 따른 주택 가격 상승 및 전세난에 대비하여 대책을 세울 것이다.

4 | 저층 단독·다가구 주택 정비 활성화

소규모 주택의 정비사업을 적극적으로 활용하는 것도 일관성 있는 정책이다. 이 또한 정비사업 활성화 정책이기 때문이다. 그러므로 윤 정부의 정비사업을 눈여겨봐야 한다. 도로로 구획된 면적뿐만 아니라 인접한 토지의 일부를 포함하도록 허용하고, 용적률을 확대하며, 매입 협의 절차를 신속하게 하도록 지원한다. 정비사업을 활성화하여 적극적으로 빠르게 공급하려는 의지가 돋보인다.

기존에 저층 주거지역에서는 재개발, 가로주택정비사업 등을 추진했지만 입지가 지닌 여건상 한계가 있고, 필지별 소규모 주택 정비는 주차장 확보 및 기반 시설 문제로 추진하기가 어려웠다. 또 부정형 필지 단위를 개발할 때는 주차장을 확보하기가 여건상 불가능하고 수익성도 낮아서 사업자도 외면했다. 주차장이 없는 주택은 신혼부부 등 젊은 층도 싫어하므로 수요가 없기 때문이다. 보상 재원, 수익성의 문제는 일부 시범사업을 제외하고는 실현 가능성이 낮았다.

하지만 이번 정부에서는 소규모 주택 정비사업을 활성화하기 위해 많은 공약을 내세웠다. 구역 내 또는 반경 300~400m 이내에 지자체가 주차장을 건설하거나 건설을 지원하여 주차장 부담을 덜어주고, 용적률 높이 제한을 완화해서 7~10층까지 건축을 허용한다. 국공유지, 복개한 소하천, 학교, 공원 지하 등을 적극적으로 활용하여 주차장을 제공하고, 건축법상 주차장으로 확보할 때의 기준으로 인정하면서 현실성을 높였다. 가로주택 정비사업을 시행할 때는 지하층 1층을 추가하는 비용을 지원하여 인근 주민에게 주차장으로 제공하고, 대신 이용자들이 비용을 부담하고 주차 수익은 공유할 수 있도록 하였다. 주택도시기금과 문화, 체육시설에 주로 사용되는 생활 SOC 지원을 위한 재원에 주차장, 복지 시설 등을 포함한다. 그리고 지역 청년들의 소자본 창업을 지원하고, 노천카페 등 허용 지역을 확대할 것이다.

5 | 주택임대시장 정상화 및 민간 임대주택 활성화

윤 정부에서는 말도 많고 탈도 많았던 임대차법을 전면 재검토할 것이다. 주택임대시장의 작동 원리를 무시한 임대차법을 개정하겠다는 것이다. 2020년 7월에 계약갱신청구권과 전월세상한제 등 임대차 3법이 시행되면서, 전월세가 급등하고 전세 매물이 감소하였다. 또 임차인 거주 여부와 임대차 계약 만료 시점에 따라 전세보증금과 매매 가격이 달라지는 등 시장 질서가 혼란스러워졌다. 한편, 다주택자에 대한 종부세가 대폭 인상되자 세금 인상분이 전월세에 전가되면서 임차 가구의 임차료 부담이 늘어났다. 이러한 임대차 3법을 개정하거나 보완 장치를 마련해서, 임대차시장의 왜곡을 바로잡고 임차인 권익을 보호할 예정이다.

임대 기간을 '2+2년'에서 종전처럼 2년으로 환원하여 사실상 효력이 없는 임대차 3법은 폐지할 것이다. 단, 전세보증금을 올리지 않은 임대인에게는 인센티브를 부여하려 한다. 등록임대사업자 지원제도도 재정비한다. 시장 여건을 고려하여 임대용 소형 아파트(전용면적 60㎡ 이하) 신규 등록을 허용하고, 종부세 합산과세 및 양도소득세 중과세를 배제하는 등 세제 혜택을 부여한다. 임차료 인상률은 임대차법에서 정한 인상률 상한 이하로 제한하여 임차인의 임차료 부담을 완화시킨다. 민간임대주택 사업자에게 세금 감면 혜택을 부여하여 공급량의 30%는 시장 가격의 66% 이하의 임대료로 주거취약계층에 제공하겠다고 한다.

이를 민간 주도로, 임대사업자 주도로 공급하겠다는 것은 좋다. 그동안 공공 임대주택은 입주자를 주거취약계층으로 제한하면서 입주자에 대한 차별 문제가 발생하고, 입주자의 주거 이동이 쉽지 않은 문제가 있었다. 모든 임차 가구에 공공임대주택을 제공할 수는 없으므로, 공공 임대주택과 함께 민간 임대주택을 공급해야 한다. 문 정부는 주택 가격과 전월세 가격이 급등하자, 그 책임을 민간 임대사업자에게 떠넘겼다. 이는 정책 불신으로 이어져 민간 임대주택시장을 크게 위축시켰다. 민간 임대시장이 위축되면 그만큼 임대 공급물량이 줄어들기 때문에, 악순환이 연속된다.

새 정부는 세제 및 금융 지원을 강화하여 장기적으로 민간 임대주택시장을 다시 활성화하겠다고 한다. 공공택지에서 민간에 배정된 택지 물량의 일부를 민간 임대주택으로 배정하고, 10년 이상 장기임대주택 양도소득세의 장기보유공제율을 현 70%에서 80%로 상향한다. 또, 임대주택 사업자 지원 정책을 중단하지 않도록 제도적 장치를 마련한다. 계층 혼합Social Mix을 위해 민간 임대주택 일부를 취약계층에게 배정한다. 취약계층에 배정된 임대주택의 임대료는 시장 가격보다 저렴하게 책정하고, 임대사업자에게는 임대료 손실액에 대해 세액을 공제해주어 세액 공제를 이연할 수 있도록 지원한다. 이런 합리적인 정책은 임대사업자를 다시 양성할 것이며, 임대 공급 물량을 정상적으로 늘릴 수 있을 것이다.

2022년 6월 21일 임대차 시장 안정 방안에 대한 추진 정책이 공개되었다. 상생임대인에 대한 양도세 특례를 확대 개편한 정책이다. 직전 계약에 비해 5% 이내로 인상한 신규 및 갱신 계약 체결 임대인을 상생임대인이라 칭하고, 조정대상지역에 1세대 1주택인 경우 양도세 비과세 2년 거주 요건 및 장기보유특별공제 적용을 위한 2년 거주 요건을 면제해주기로 한 것이다. 즉, 1주택자이거나 다주택자라도 향후 1주택자로 전환하려는 상생임대인은 거주하지 않아도 양도세가 면제된다. 적용 기한도 2024년 말까지로 연장했다. 양도세 비과세에 대한 혜택은 매우 커서 투자 효율을 늘릴 수 있다. 또 민간 건설임대사업자 개인 및 법인 모두에게 세제 지원을 강화하고, 건설 후 미분양 주택에 대해 5년간 종부세를 합산 배제해준다. 그리고 규제지역 주택담보대출 처분 및 전입 요건을 완화시켰고, 분양가상한제 거주 의무 조건을 즉시가 아니라 양도 상속 증여 이전까지로 완화시켰다.

임대인뿐만 아니라 임차인을 위한 혜택도 늘렸다. 갱신 만료 임차인을 대상으로 전세대출 지원 및 월세 임차보증금 원리금 상환액 지원을 강화했다. 즉, 전세대출 한도를 늘려주고 월세 세액공제율도 높인 것이다. 이외에도 생활안정자금 목적의 주택담보대출 한도를 1억 원에서 2억 원으로 늘려주고, 최초 전세대출 기준 비고가주택 보유자에게 전세대출 보증 연장을 허용한다.

이렇게 임대인과 임차인을 생각한 구체적인 민간 임대주택 활성화 정책은 임대시장을 정상화하는 중요한 첫걸음이 될 것이다.

6 | 부동산 세제 정상화

현재 우리나라 GDP 대비 부동산 관련 세금 징수액은 OECD 국가 중에서 최상위권에 속하고, 거래세는 가장 높은 나라 중 하나이며, 보유세 징수액도 최근 급격하게 증가하고 있다. 부동산 세제 강화로 무주택자가 주택을 구매하거나 유주택자가 더 좋은 주거로 이사하기가 어려워지고, 거주자 보유세 부담이 늘어났으며, 세금 부담을 전가하면서 세입자들도 큰 피해를 입고 있다.

따라서 태스크포스를 구성하여, 이러한 부동산 세제 전반을 정상화하는 방안을 추진하려 한다. 부동산 시장을 관리하려는 목적이 아니라 조세 원리에 맞게 개편하고, 보유세는 납세자들의 부담 능력을 고려하여 부과 수준과 변동 폭을 조정한다. 종합부동산세와 재산세를 통합하여 세 부담을 완화하려 한다. 이는 그동안 세금 부담으로 힘들어하던 다주택자들의 숨통을 터주는 정책이 될 것이다. 2022년에 100% 인상될 예정이던 공정시장가액 비율은 60%로 동결하고, 세 부담 증가율의 상한선을 낮춘다고 한다. 또한 2022년에 한시적으로 1세대 1주택자에게는 종부세 특별공제가 3억 원까지 도입되고, 고령의 장기보유자는 종부세 납부 유예 등 다각도로 종부세 부담 완화 정책을 펼치고 있다. 1세대 1주택자로 판정되면 일시적인 2주택, 상속주택, 지방 저가주택(공시가격 3억 원 이하)은 주택 수에서 제외시켜주는 등 파격적인 혜택도 주기로 했다.

또 1주택 보유세 세율을 인하하고, 장기 보유자 종합부동산세를 매각, 상속 시까지 이연하도록 허용한다. 이 정책은 미국의 재산세, 양도세 이연 정책과 비슷한 맥락이다. 원래 보유 주택수가 차등 과세의 기준이었는데, 그것을 가액으로 전환하여 정상화하려는 것이다. 1주택자 및 비조정지역 2주택자는 150%에서 50%로, 조정지역의 2주택자, 3주택자 및 법인은 300%에서 200%로 세 부담 증가율 상한을 인하할 예정이라고 한다.

그리고 공정시장가액 비율을 조정하여 2022년 주택공시가격을 2020년 수준으로 환원한다. 공시가격 산정 근거와 평가 절차도 투명하게 공개한다. 지자체에 공시가격검증센터를 설치하여 중앙정부 공시가격을 검증하고, 향후 공시가격을 현실화하는 계획을 다시금 수립한다.

취득세 부담을 줄이는 정책도 펼친다. 1주택자 취득세율을 단일화하여 단순화할 예정이고, 조정지역 2주택 이상에 대한 과도한 누진세율도 완화한다. 즉, 단순 누진세율을 초과 누진세율로 전환하려는 것이다. 생애최초 주택 구매자에 대한 취득세는 면제하거나 1% 단일세율을 적용할 것이다. 또 생애 최초 구입 대상자에게는 200만 원 한도 내에서 취득세를 면제해 준다.

양도소득세 또한 중과세를 1년간 배제하여 완화 정책을 펼치고 있다. 또, 부동산 세제의 종합 개편 과정에서 다주택자의 중과세 정책을 재검토한다. 세금 완화 정책이 적용되면 다주택자의 보유 주택 매각으로 매매 가격이 일시적으로 조정되겠지만, 장기적으로는 보유세가 줄어들기 때문에 흐름이 좋은 부동산 지역의 매매가는 상승할 것이다.

7 | 주택 대출 규제 완화

대선 이전에 주택시장 분위기를 힘들게 만든 주범이 바로 대출 규제였다. 사실상 주거 사다리를 걷어차면서 분위기가 급격히 얼어붙은 것이다. 하지만 윤 정부는 다양한 주택 금융 제도로 주거 사다리를 복원할 방침이다. 이는 주택시장에 다시 한번 바람을 불러일으킬 것이다.

주택 가격이 폭등하여 청년이나 신혼부부는 부모의 도움 없이 저축만으로 내 집 마련이 불가능한 상황이다. 자산 형성 기간이 짧은 청년, 신혼부부는 주택 마련에 금융 지원이 필수적인데, 지나친 규제로 주택 구매와 주거 상향 이동이 제한되고 있다. 이러한 제약 사항을 LTV 규제의 합리적 개편으로 풀어가려고 한다.

생애최초주택 구매 시 LTV 상한을 80%로 인상하여 자산이 부족한 청년, 신혼부부 등에게 내 집 마련 기회를 확대할 것이다. 생애최초주택이 아니라고 해도 LTV 상한선을 지역과 관계없이 70%로 단일화하여, 실수요자가 주거 상향 이동을 위한 주택 구매 수요가 높아지도록 할 것이다. 또 신혼부부는 4억 원까지 3년간 저리로 대출을 받도록 지원하고, 출산 시에는 5년까지 연장해준다. 신혼부부가 아닌 생애최초주택 구매자도 3억 원 한도에서 3년간 저리로 금융 지원을 해준다. 신혼부부의 전월세 임차보증금 대출을 보증금 60% 범위에서 수도권은 3억 원, 그 외 지역은 2억 원까지로 상향 조정하고 저리 자금을 2년간 지원한다. 이는 4회 연장할 수 있어서 최장 10년까지 이용 가능하다. 한편 일정 소득 이하(중위소득 120% 이하) 청년층에 대한 임차보증금을 최대 2억 원까지 저리로 2년간 지원한다. 이것도 4회 연장 가능하며 최장 10년간 이용할 수 있다. 또 청년, 신혼부부를 대상으로 하는 40년 만기 보금자리론에도 체증식 상환 방식을 도입하여 소득이 적은 대출 초기 상환 부담을 줄여준다. 이러한 수치들은 계속해서 완화될 것이고, 대출은 점점 더 숨통이 트일 것이다.

이러한 변화는 규제로 억눌린 부동산 정책을 정상화하는 작업이다. 이는 실거주자들의 움직임을 부추길 것이며, 주택시장의 분위기를 단숨에 바꿔놓을 것으로 보인다.

8 | 외국인 투기성 주택 거래 규제

2021년, 외국인의 아파트 취득은 2010년에 비해 5배나 증가하였고 중국인의 경우에는 27배를 넘었다. 외국인이 국내 아파트를 구입할 때, 내국인에 비해 규제가 심하지 않았기 때문이다. 내국인은 금융 규제로 많은 제약이 있지만, 외국인은 자국의 금융회사를 통해 취득 금액의 대부분을 조달할 수 있다. 또 다주택을 보유하는지 사실 확인이 불가능해서 취득세와 양도소득세를 중과할 수 없었다. 그러다 보니 한국인이 외국인으로 신분을 바꾸어 투자하는 사례까지 생겼다.

선진국에서는 특정 도시 및 지역에 이민자가 늘면서 부동산 가격이 폭등하자 외국인의 부동산 취득을 조절하기 위해 조세 및 규제를 강화하는 추세다. 윤 정부는 비거주 외국인의 주택거래허가제를 도입하여 외국인의 주택 투기를 방지하려 한다. 또한 주택거래 자금의 출처를 내국인과 동일하게 조사하여 탈세 및 가상화폐를 활용한 환치기를 막을 것이다. 외국인의 투기성 부동산 취득에 적절하게 대응하기 위해 지역별, 용도별, 유형별

보유 현황에 대한 구체적인 조사 및 데이터를 구축하는 것은 바람직하다고 본다.

9 | 교통 호재

교통에 관한 호재는 많은데, 모든 교통 호재가 발현되기는 힘들다고 판단하고 '덤'이라고 생각하는 편이 좋다. 특히 GTX에 대한 호재가 많은데, GTX가 닿는 곳까지 수도권의 역할을 하게 될 것이므로 잘 살펴보자. 예를 들어, 윤 정부는 천안시에 GTX-C 노선을 연결하겠다는 공약으로 내세웠다. 기존의 경부선을 활용해 GTX를 천안까지 연결하려는 것이다. 물론 이러한 호재가 무조건 실현되는 것은 아니지만, 수도권의 확장 개념을 잘 이해하여 멀리 그리고 넓게 보면 도움이 될 것이다.

10 | 고가 및 저가 시장에서 중위가 시장으로

최근 부동산 시장은 고가 시장과 저가 시장이 인기가 많았다. 고가 주택은 자산 보존Asset Parking의 개념으로 늘어난 돈이 똘똘한 한 채로 몰리면서 비싼 주택이 더 비싸졌다. 이제는 평당 1억 원이 넘는 곳이 종종 눈에 띈다.

그리고 '공시지가 1억 이하'라는 유행어가 투자자들 사이에서 맴돌았다. 다주택 투자자들은 취등록세 때문에 더 이상 중위 가격의 아파트를 살 수 없었는데, 공시지가 1억 이하 아파트는 취등록세 중과세가 면제되었기 때문이다. 저가 아파트를 보호하기 위한 정책이었지만, 투자자들에게는 틈새

시장이 되어버린 것이다. 그래서 전국의 공시지가 1억 이하 아파트의 가격이 오르고 있다. 규제가 만든 비정상적인 현상이다. 다시 말해, 투자 수요도 양극화되면서 초고가의 주택과 공시지가 1억 이하, 극초기 재개발, 지방 분양권 같은 소액 투자 상품이 유행하고 있고, 앞으로도 그럴 것으로 보인다.

윤 정부는 부동산의 정상화라는 명목하에 많은 규제를 완화하려 한다. 그동안 현금 부자와 효율을 중시하는 투자자들이 움직였다면, 이제는 대출 완화와 세제 정상화 정책으로 실거주자들과 투자자들이 움직일 차례가 되었다. 현금 부자들은 고가 시장에, 투자자들은 저가 틈새시장에 머물렀다면, 그동안 발이 묶여 있었던 중위가 주택이 움직일 것이다. 고가 주택이 천장을 뚫어주었고 저가 주택이 밑에서 치고 올라오니, 중위가 주택이 움직일 타이밍이고 정책도 그렇기 때문이다. 그러므로 지방 매매가 기준 3억 원 이상(공시지가 2억 원 이상)의 주택을 잘 살펴보길 바란다. 비정상적으로 벌어진 격차가 메워질 것이다. 정비사업 활성화와 민간 임대주택 활성화 정책 또한 이러한 분위기에 힘을 실어줄 것이다. 물론 공약이 실현될 때까지 시간은 좀 걸리겠지만, 속도보다는 방향에 집중하는 것이 중요하다.

02

무주택자는 정부를 믿고
무작정 기다려야 할까?

　무주택자는 집값이 올라 비싸진 주택을 매수해야 할지, 말아야 할지 고민이 많다. 하지만 집값은 항상 비쌌다.

　그보다는 인플레이션의 원리를 알아야 한다. 특히 코로나로 인해 극심한 인플레이션이 발생하고 있다. 물가가 오른다기보다는 돈의 가치가 떨어지고 있다. 극심한 인플레이션은 혼란을 일으키므로, 대개 정부는 연 2.5% 정도로 안정적인 인플레이션을 선호한다. 그러나 코로나 같은 위기가 찾아오면 어쩔 수 없이 돈을 많이 풀어서 경제 위기를 막아야 한다. 돈을 다시 회수하는 시기도 있지만, 결국 돈이 시장에 풀리는 총량은 우상향한다. 돈의 양이 많아지는 만큼 가치는 떨어지고, 그것이 물가 상승의 원인이 된다. 즉, 실생활에서 쓰는 의식주는 그대로인데 돈의 가치가 떨어지니, 실물에

📀 그림 1-4 돈이 풀린 총량

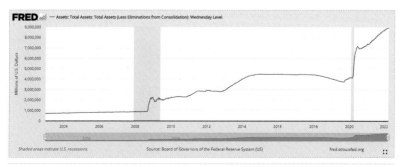

https://fred.stlouisfed.org/series/WALCL (검색일: 2022.3.14.)

표기된 가격이 오르는 것이다.

그러므로 주택의 가격이 오른다기보다는 돈의 값어치가 떨어져서 값이 오른다. 브리지워터 헤지펀드의 장인 레이 달리오는 현금은 쓰레기라고 말했다. 현금을 들고 가만히 있으면 손해를 본다는 뜻이다. 그래서 필자는 내 집이 있어야 인플레이션으로 인한 피해를 보지 않는다고 조언한다. 실물자산이 적어도 한 가지는 있어야 인플레이션으로 떨어지는 돈의 값어치를 헤지할 수 있다. 주택을 정말로 사기 싫다면, 우량한 미국 지수 ETF나 비트코인이라도 사놓길 바란다. 물론 여윳돈으로 해야 한다.

인간은 어차피 의식주를 해결해야 한다. 그러므로 월세든 전세든 매매든 필수로 선택할 수밖에 없다. 이왕이면 가장 안전하고 진짜 쓸 수 있는 실물자산을 선택하는 것이 현명할 것이다. 지금 너무 비싸서 조정되면 사겠다고 하는 사람도 많은데, 바닥을 기가 막히게 알아맞혀서 매수할 수 있는 사람은 극히 드물다. 인플레이션 시대에 살고 있다는 것을 인정하고, 그 불편한 현실을 받아들여야 한다.

🔷 그림 1-5 니켈 가격

https://www.investing.com/commodities/nickel-streaming-chart?cid=959208 (검색일: 2022.3.14.)

🔷 그림 1-6 WTI 원유 가격

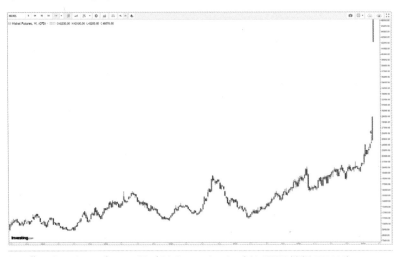

https://www.investing.com/commodities/nickel-streaming-chart?cid=959208 (검색일: 2022.3.14.)

원유, 원자재, 금, 니켈, 곡물 등 실물의 가격 상승이 엄청나다. 최근에는 인건비와 물류비마저 오르면서 실물이 더욱 비싸지고 있다. 돈 풀기로 인해 많아진 돈의 값어치가 떨어지면서, 다른 실물의 가격이 오르는 현상이 발생하고 있는 것이다.

현재 뜨거운 이슈인 러시아-우크라이나 전쟁은 어떠한가? 현재 러시아는 경제적으로 고립되면서 루블화 가치가 폭락했다. 이를 막기 위해 푸틴은 금리를 20%로 올리겠다고 하지만, 밑 빠진 독에 물 붓기다. 금리가 20%라고 해도 누가 이 상황에서 러시아 돈을 믿고 맡기겠는가? 러시아 국민도 돈을 인출하는 상황인데 말이다. 지금은 러시아 루블화 가치가 다행히 회복됐지만, 한번 신뢰를 잃었으므로 또 어떻게 될지 모른다.

만약 한국이 이런 상황이라면 어떻게 될까? 대한민국도 원화 가치가 폭락할 수 있다. 인플레이션으로 돈의 가치가 떨어지면 실물자산의 가치가 오르는 착시 효과가 발생한다. 그러면 옛날에는 1,000원 하던 짜장면이 1만 원이 된다. 말하자면, 실물은 바뀐 것이 없는데 돈의 가치만 하락하는 것이다. 물론 이런 상황을 대비하기 위해 비트코인이나 달러를 가지고 있는 것도 좋다. 하지만 이러한 자산은 여윳돈으로 투자하는 것이고, 큰돈을 들이기가 힘들다. 당장 의식주를 해결해야 하는데, 전쟁을 걱정해서 비트코인이나 달러에 몰빵할 수는 없기 때문이다. 주거를 해결하고, 인플레이션을 헤지하고, 실물자산에 투자할 수 있는 방법은 부동산뿐이다.

러시아의 돈 가치가 급격하게 하락하니, 비트코인에서도 재미있는 현상이 일어난다. [그림 1-9]는 비트코인을 달러 코인(≒달러)으로 살 때의 가격을 나타낸 차트로 고점에서 조정이 많아서 힘들어 보인다. 물론 지금은 더

그림 1-7 러시아 루블화 환율

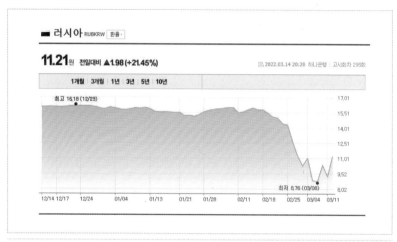

그림 1-8 러시아 기준금리

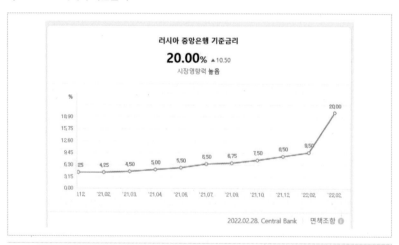

그림 1-9 달러 코인 대비 비트코인

https://www.binance.us/en/trade/pro/BTC_USDT (검색일: 2022.3.14.)

많이 떨어졌다. 하지만 올해 3월, 같은 시간대의 가격을 비교해보자. [그림 1-10]은 [그림 1-9]와 같은 시점에 러시아 루블화로 비트코인을 산 가격이다. 러시아 루블화 대비 비트코인은 달러 코인과는 다르게 전고점을 돌파한다. 러시아 화폐 가치가 떨어져서 비트코인이 오른 것처럼 보이는 것이다. 모든 것은 상대적이다. 원화 가치가 떨어져서 실물가치가 올라간 것처럼 보이듯, 돈의 가치가 떨어져서 부동산 가격이 오른 것처럼 보인다.

한국이 러시아처럼 되지 않을 것이라고는 보장할 수 없다. 이미 중국 위

https://www.binance.com/en/trade/BTC_RUB (검색일: 2022.3.14.)

안화 대비 원화 가치는 떨어지고 있다. 달러 환율이 오르는 것도 원화 가치가 그만큼 떨어졌기 때문이다.

이제 내 집 마련은 선택이 아닌 필수인 시대다. 월급만으로 실물자산의 상승 속도를 따라잡지 못한다. 코로나든 전쟁이든, 자본주의 사회에서 돈 풀기는 필연적이다. 돈의 가치가 하락하고 있다면, 미루지 말고 내 집을 마련할 수 있도록 노력해야 한다. 당장 주택이 비싸다는 생각이 든다면, 전세를 껴서 사놓고 나중에 들어가는 방법도 있다.

그림 1-11 중국 위안화 환율

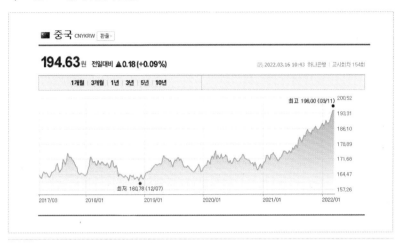

그림 1-12 미국 달러 환율

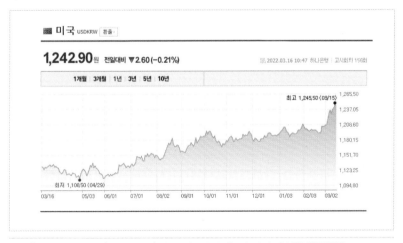

목표가 생기면 돈을 더 빨리 모을 수 있고, 불가능해 보였던 것도 이룰 수 있다. 인플레이션 시대에서 디플레이션을 바라지 말고, 인플레이션을 인정하되 현금을 썩히지 않고 현명한 곳에 잘 배치해보자. 정부를 믿어야 하는 시기도 지났다. 지난 몇 년간 입증되지 않았는가? 전 세계적으로 현명한 사람들은 정부에 의존하지 않고 전 세계의 경제 흐름에 몸을 맡긴다. 세계 경제를 공부하고 현 시대가 어떠한지 고민해보자. 지금은 실물자산이 올라가는 인플레이션 시대인가, 디플레이션 시대인가?

코인 거래소에서 거래 수수료로 조 단위를 쓸어 담은 업비트와 빗썸도, 게임주로 유명했던 위메이드도, 강남 부동산을 사들이고 있다. 주식이든 코인이든 사업이든 투자든, 돈을 벌면 무엇을 할 것인가? 안전하면서도 인플레이션에 올라타는 실물자산에 자산 보전하는 것이다. "There Is No Alternative_{TINA}." 다시 말해, 대안이 없다. 결국 기승전, 부동산이다!

1주택자의 현명한 투자 방법은 무엇일까?

주택을 사야 하는 이유는 앞에서 살펴보았다. 1주택자는 다행스럽게도 인플레이션을 헤지하고 있는 셈이다. 하지만 인플레이션을 따라가는 것을 넘어서려면 투자를 통해 수익을 창출해야 한다. 본인이 실제 거주하고 있는 곳이 있다면 어떻게 수익을 내서 더 좋은 곳으로 갈아탈 수 있을까? 1주택자는 세금과 규제 때문에 추가로 집을 사서 다주택자가 되기가 부담스러울 것이다. 마음먹고 다주택자가 되기 힘들다면, 분양권이나 민간 임대 아파트, 생활형 숙박시설 또는 오피스텔 등 대체 주택 투자군으로 수익을 낼 수 있다. 이렇게 틈새시장을 노리는 이유는 세금 때문이다.

어쨌든 본인이 잘할 수 있고 잘 맞는 분야를 선택하면 된다. 필자의 경우에는 주택을 가장 좋아해서 분양권을 선호한다. 양도세 때문에 걱정하는 사람들도 많은데, 실제 거래건을 살펴보면 손피, 즉 양도세 매수자 부담 조건이 많다. 이는 합법이다. 즉, 프리미엄이 올라서 시세 차익도 볼 수 있지만, 끝까지 가져가더라도 신축 아파트가 되기 때문에 부담이 되지 않는다. 보통 상승장인 경우 신축이 되어서 입주할 때 전세가가 분양가와 비슷해지거나 높아지기 때문에 지역만 잘 선택하면 투자금을 회수하고도 돈이 남을 수도 있다. 지역마다 규제가 다 다르겠지만, 분양권은 주택이 있더라도 한 가구당 1~2개 정도는 가져갈 수 있다. 특히, 비규제지역 지방의 경우는 분양권 중도금 대출이 더욱 수월하다.

주택의 매매가와 전세가는 증가율의 차이는 있지만, 결국 플러스인 시기가 대부분이다. 증가율이 얼마나 되는지만 다르지, 결국 자산은 우상향한다. 그러므로 좋은 자산을 싸게 사서 오래 보유하자.

◆ **1주택자의 투자 방법**

1주택+분양권

1주택+주택 대체 부동산(민간 임대아파트, 생활형 숙박시설, 오피스텔 등)

1주택+비주택부동산(상가, 토지, 빌딩 등)

1주택+미국 주식 또는 비트코인

📍 **그림 1-13 정권별 아파트 매매가, 전세가 증가율 추이**

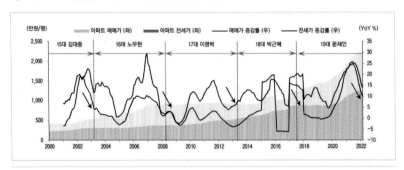

부동산114, KB부동산, 이베스트투자증권 리서치센터(검색일: 2022.3.19.)

다주택자는 어떤 전략을
취해야 할까?

이미 다주택자인 투자자는 다시 1주택자나 무주택자가 되기가 힘들다. 최근 세금과 규제로 많이 힘들었겠지만, 정책의 방향성이 바뀌고 있다. 다주택자는 세금을 많이 내도 수익이 난다. 바꿔 말하면 수익이 나기 때문에 세금을 많이 내는 것이다. 세금과 규제로 예전만큼 수익이 많지 않을 뿐, 무주택자나 1주택자보다 다주택자가 수익이 더 많이 난다. 그래서 열심히 전략을 짜서 투자하는 것이다. 세금 내는 것이 아깝다면, 책 후반부에 나오는 마일리지 적립 방법 등을 통해 스스로에게 선물하는 방법도 있다. 현명하게 잘 투자한다면 행복하게 자산을 늘릴 수 있을 것이다. 앞으로 살펴볼 투자 방법을 활용해서 차근차근 수익을 내보자.

자신에게 맞는 지역을 찾아서 1년에 하나씩만 투자해도 연봉을 2배로

받는 효과가 날 수 있다. 직장에서 월급을 받고, 투자를 통해 추가 소득을 벌면 종잣돈은 금방 불어날 것이다. 그렇다고 많은 주택을 살 필요도 없다. 1년에 하나씩만 성공시킨다는 마음으로 하다 보면, 어느새 순자산이 늘어나 있을 것이다. 사이클이 안 좋아질 곳이 보이면 매도하고, 괜찮은 지역은 전세금을 올려 받아서 현금흐름을 늘리면 된다. 세금을 걱정할 것이 아니라, 어떻게 수익을 낼 것인지 끊임없이 연구해야 한다. 주택이 너무 많아서 종부세 폭탄을 맞는 다주택자라면, 이 책의 후반부에 나온 민간 임대아파트, 생활형 숙박시설, 오피스텔 등 틈새시장을 노려보자.

부동산 하락장은 언제 올까?

부동산은 길게 보면 우상향하지만, 각 지역별 공급 사이클이 있기 때문에 상승장과 하락장을 거친다. 금융시장 파생상품에서 '롱' 포지션과 '숏' 포지션이 있다. 롱 포지션은 상승에 베팅하는 선물이나 옵션을 말하고, 숏 포지션은 반대로 하락에 베팅하는 것이다. 길고 짧다는 말에 주목할 필요가 있는데, 상승장이 하락장보다 길고 힘이 크기 때문에 자산시장은 전반적으로 우상향한다.

그래서 부동산 하락장이 오더라도 오래 보유하면 승리한다. 하지만 짧은 하락장조차도 경험하고 싶지 않을 것이다. 이러한 사이클은 수요와 공급의 법칙에 의해 결정된다. 수요는 인구수, 가구수의 증감에 따르고, 공급 사이클은 주택의 공급 물량에 좌우된다.

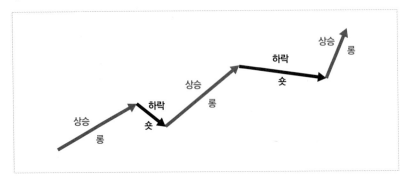
◈ 그림 1-14 상승과 하락 곡선

　　가장 규모가 큰 수도권을 중심으로 살펴보자. 수도권의 인구수나 가구수는 2030년까지는 의심할 여지 없이 증가할 것이다. 그렇다면 공급은 어떠한가? 자세히 알아보겠지만, 앞으로 3년간은 공급 물량이 줄어든다. 공급이 부족하기 때문에 3기 신도시 건설이라는 정책이 등장한 것이다. 3기 신도시 물량이 성공적으로 분양하고 착공해서 공급된다면, 수도권 공급이 늘어날 것이다. 이는 2026~2027년으로 예상되므로 앞으로 3년은 문제없어 보인다. 오히려 정비사업 활성화로 인한 인프라 개발로 상승장의 마지막 화려한 불꽃을 보여줄 수도 있다. 단, 3기 신도시 공급과 정비사업으로 인한 공급 등이 맞물리면서 하락장이 시작될 수 있는데, 지금 논하기에는 이르다. 그리고 하락장이 온다고 해도 이번 상승장보다는 짧을 것이다. 롱과 숏은 세상의 이치이며, 자본주의의 원리다.

한국의 집값은 전 세계와 비교했을 때 싼가, 비싼가?

그렇다면 대한민국의 집값은 전 세계 집값에 비해 과연 어느 수준일까? 매년 이를 정리해서 발표하는 국토연구원 인터넷 사이트에서 'OECD 글로벌 부동산 통계지도'를 찾아보면 된다. OECD 데이터를 바탕으로 하기에 데이터의 신뢰도는 높은 편이다.

우선 국가별 명목주택가격지수 10년 변동률을 살펴보자. 2011년 2분기부터 2021년 2분기까지 데이터를 보면, 한국은 OECD 국가의 평균 상승률보다 못한 수준으로 지난 10년간 엄청나게 상승했다고 보기 힘들다.

그런데 명목주택가격은 그 나라의 인플레이션률에 따라 달라질 수 있다. 예를 들면 터키는 통화 가치가 떨어지고 엄청난 인플레이션에 의해 비정상적으로 253.2%까지 올라간 것을 알 수 있다. 이러한 차이를 바로잡을 수 있는 지표가 바로 실질주택가격지수다. 실질주택가격지수는 OECD 국가 계정 데이터베이스에서 각 국가의 계절 조정 소비자 지출 디플레이터를 나누어서 계산한다. 디플레이터는 경제 통계에서 금액으로 표시된 통계량 중에 물가 상승에 의한 명목적 증가분을 제거하기 위해 제수의 형태로 쓰이는 가격변동지수다. 즉, 물가 상승 인플레이션에 의한 명목적 증가분을 제거한 실질적인 주택 가격의 변동률을 나타낸 것이다.《저평가된 알짜 아파트 한 채》에서 자세히 나온 명목금리와 실질금리의 차이점과 비슷하다.

주택 가격 상승률에서 물가 상승 부분은 빼고 계산하니, 역시 전체적으로 각 국가의 지수 상승률이 줄어든다. 하지만 한국 또한 줄어들었으며 실질주택가격지수 또한 평균보다 아래다. 위기를 맞은 스페인, 이탈리아, 그리스를 제외하곤 거의 꼴찌 수준이다. 충격적이지 않은가? 급등했다고는 하지만, 한국의 주택 가격 상승률은 전 세계적으로 낮은 편에 속한다.

그러나 임차 가격은 매매가보다 낮다. 여전히 OECD 국가들 평균보다는 아래에 있지만, 거의 평균값에 근접한다. 한국은 지난 10년간 매매가보다는 임차가격의 상승률이 더 컸다는 것을 알 수 있다.

그렇다면 임차 가격에 비해 매매가가 얼마나 상승했는지도 지수로 나타낼 수 있다. 이렇게 국가별 임차료 대비 주택가격지수를 비교해보면, 역시 한국은 평균보다 아래에 위치해 있다. 한국은 지난 10년간 주택의 임차 가격 대비 매매가 상승률이 낮은 것이다. 그러므로 이 지표에서도 대한민국의 주택 매매 가격 상승률은 높지 않은 것을 알 수 있다.

마지막으로 살펴볼 수 있는 지표는 국가별 소득 대비 주택가격지수다.

명목주택가격을 1인당 명목가처분소득으로 나눈 값을 지수화한 것이다. 소득 대비 집값은 PIR_{Price-to-Income Ratio}로 금융 기관 등 여러 곳에서 많이 참고하는 지표다. 그 지역 사람의 소득 대비 집값의 비율로, 객관적인 지표여서 전 세계 국가들의 주택 가격을 비교하기에도 좋다. 많이 벌수록 집값이 비싼 것이 합리적이다. 적게 버는 곳에서 집값이 비싸지면 PIR값이 치솟을 것이고, PIR이 높아지면 거품이 생긴다. 이것을 UBS 은행에서는 버블지표라고 하여 매년 발표한다. 과연, 한국의 PIR은 어느 위치에 있을까? 한국은 PIR은 평균은커녕 오히려 마이너스 수준이다. 한국은 소득, 연봉이 매우 많이 상승해서 지난 10년간 집값보다 소득이 더 많이 올랐다는 뜻이다. 그러므로 집값이 많이 올랐다고 한탄할 것이 아니라, 경제의 눈부신 성장으로 소득이 많이 올랐다고 봐야 한다. 거품이 존재하지 않는, 튼튼하게 천천히 상승하고 있는 바람직한 시장인 셈이다.

OECD 글로벌 부동산 통계지도

국가별 명목주택가격지수(10년 변동률)
(Nominal house price index, 2015=100)

(10년 변동률, 2011 2/4분기~2021 2/4분기)

네덜란드 44.6%

영국 53.7%

캐나다 86.1%

프랑스 15.7%

포르투갈 56.5%

미국 88.8%

스페인 3.1%

이탈리아 -15.3%

멕시코 90.1%

헝가리 114.7%

그리스 -22.1%

노르웨이 64.5%
핀란드 14.3%
독일 74.2%
러시아 109.3%
중국 64.9%
한국 21.6%
일본 19.3%
터키 253.2%
호주 64.5%
스웨덴 77.5%
체코 81.1%
폴란드 36.7%

출처: OECD Data(https://data.oecd.org/)

국토연구원 OECD 글로벌 부동산 통계지도
http://library.krihs.re.kr/dl_image2/IMG/07/000000033058/SERVICE/000000033058_01.PDF
(검색일: 2022.3.26.)

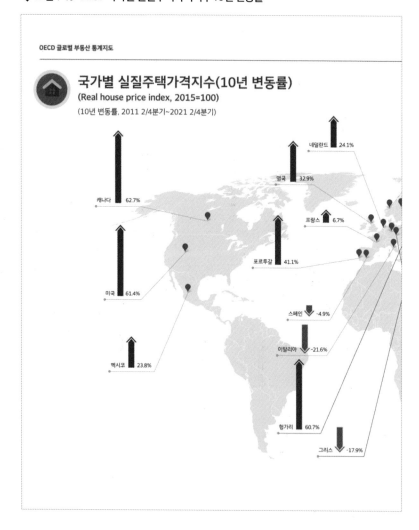

OECD 글로벌 부동산 통계지도

국가별 실질주택가격지수(10년 변동률)
(Real house price index, 2015=100)

(10년 변동률, 2011 2/4분기~2021 2/4분기)

네덜란드 24.1%

영국 32.9%

프랑스 6.7%

캐나다 62.7%

포르투갈 41.1%

미국 61.4%

스페인 -4.9%

이탈리아 -21.6%

멕시코 23.8%

헝가리 60.7%

그리스 -17.9%

노르웨이 34.5%

핀란드 0.7%

독일 54.2%

중국 34.1%

러시아 18.9%

한국 6.5%

일본 16.1%

터키 29.3%

호주 40.5%

스웨덴 56.0%

체코 53.4%

폴란드 18.0%

실질주택가격지수는 OECD 국가 계정 데이터베이스에서
각 국가의 계절조정 소비자 지출 디플레이터를 나누어 계산
출처: OECD Data(https://data.oecd.org/)

국토연구원 OECD 글로벌 부동산 통계지도
http://library.krihs.re.kr/dl_image2/IMG/07/000000033058/SERVICE/000000033058_01.PDF
(검색일: 2022.3.26.)

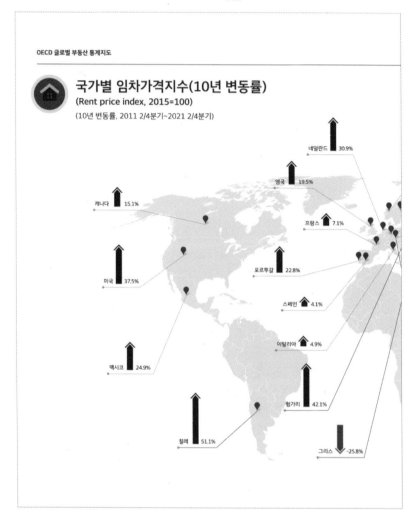

OECD 글로벌 부동산 통계지도

국가별 임차가격지수(10년 변동률)
(Rent price index, 2015=100)
(10년 변동률, 2011 2/4분기~2021 2/4분기)

네덜란드 30.9%

영국 19.5%

캐나다 15.1%

프랑스 7.1%

미국 37.5%

포르투갈 22.8%

스페인 4.1%

이탈리아 4.9%

멕시코 24.9%

헝가리 42.1%

칠레 51.1%

그리스 -25.8%

OECD Global Real Estate Statistical Map

노르웨이 23.0%
핀란드 26.1%
독일 14.3%
러시아 57.9%
한국 19.1%
일본 -2.3%
터키 118.7%
호주 14.2%
스웨덴 16.1%
체코 26.4%
폴란드 32.1%

출처: OECD Data(https://data.oecd.org/)

국토연구원 OECD 글로벌 부동산 통계지도
http://library.krihs.re.kr/dl_image2/IMG/07/000000033058/SERVICE/000000033058_01.PDF
(검색일: 2022.3.26.)

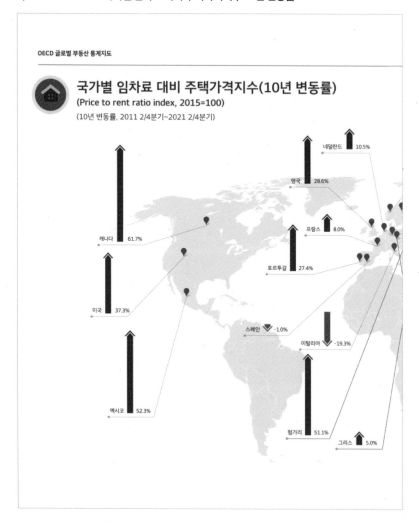

OECD 글로벌 부동산 통계지도

국가별 임차료 대비 주택가격지수(10년 변동률)
(Price to rent ratio index, 2015=100)

(10년 변동률, 2011 2/4분기~2021 2/4분기)

네델란드 10.5%
영국 28.6%
프랑스 8.0%
캐나다 61.7%
포르투갈 27.4%
미국 37.3%
스페인 -1.0%
이탈리아 -19.3%
멕시코 52.3%
헝가리 51.1%
그리스 5.0%

노르웨이 33.7%
핀란드 -9.3%
독일 52.4%
러시아 32.5%
한국 2.1%
일본 22.2%
스웨덴 52.9%
호주 44.0%
터키 61.5%
체코 43.3%
폴란드 3.4%

OECD Global Real Estate Statistical Map

임차료 대비 주택가격지수는 주거용 부동산가격을
임차가격으로 나눈 값을 2015년을 기준으로 지수화
출처: OECD Data(https://data.oecd.org/)

국토연구원 OECD 글로벌 부동산 통계지도
http://library.krihs.re.kr/dl_image2/IMG/07/000000033058/SERVICE/000000033058_01.PDF
(검색일: 2022.3.26.)

◈ 그림 1-19 OECD 국가별 소득 대비 주택가격지수 10년 변동률

국토연구원 OECD 글로벌 부동산 통계지도
http://library.krihs.re.kr/dl_image2/IMG/07/000000033058/SERVICE/000000033058_01.PDF
(검색일: 2022.3.26.)

2^장

지금 부동산 투자를 한다면 어느 지역에 투자하는 것이 현명한 선택일까? 2장에서는
전국을 전체적으로 훑어보면서 빅데이터 분석을 할 것이다. 공급에 따른 매매지수와
전세지수의 동향을 함께 파악해보자.

차트로 보는 공급에 따른 매매지수와
전세지수 그리고 시크릿 상승 조건

전국 흐름을 한눈에 볼 수 있는
공급에 따른 매매지수와 전세지수 동향

1 | 전국적인 추세

《저평가된 알짜 아파트 한 채》에서 미분양에 따른 매매지수와 전세지수 차트를 살펴보았다면, 이번에는 입주 물량에 따른 매매지수와 전세지수 차트를 분석해보자. 차트를 살펴보면서 직관력을 기르는 것이 중요하다. 그리고 세세하게 살펴보기보다는 직관적으로 공급이 줄어드는 추세에 있는 지역을 눈여겨보자.

전국적인 추세를 보면 공급이 계속해서 줄어드는 것으로 보인다. 물론 앞으로 3년치 데이터만 분양 예정 물량으로 나와 있어서, 그 이후 데이터는 더 추가될 예정이다. 하지만 2025년 데이터까지만 봐도 공급이 확연하게 줄어드는 것을 알 수 있다. 아파트는 순식간에 지어지지 않기 때문에,

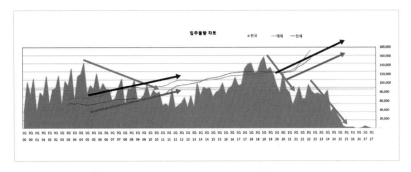

분양 예정 물량을 갖고 앞으로 3년 공급을 추정할 수 있다. 더욱이 광주 아파트 붕괴 사건으로 아파트 공사 기간은 단축되지 못할 것이므로, 데이터 신뢰도는 높다.

전국적으로 큰 추세를 보면 매매지수와 전세지수는 공급에 따라 움직였다. 공급이 줄어드는 주황색 화살표 시기를 보면, 매매지수와 전세지수가 상승한 것을 볼 수 있다.

현재는 과거의 기울기보다 더 빠른 속도로 공급이 줄어들고 있기 때문에, 매매지수와 전세지수가 상승하는 기울기도 더 가파르다. 요즘은 너무 많이 올라서 오히려 떨어질 것이라고 예상하는 하락론자들이 많다. 이런 큰 추세가 바뀌려면 공급 물량의 방향이 바뀌고 이것이 임팩트가 있어야 한다. 앞으로 2025년까지는 전국적으로 공급이 줄어들 예정이다. 그 이후에 3기 신도시 공급이 성공적으로 이루어진다면 방향이 바뀔 수도 있겠다. 어쨌든 앞으로 3년 정도의 공급만 추정할 수 있어도 훌륭히 투자를 하고 수익을 낼 수 있다.

2 | 강원도

강원도 역시 공급이 줄어드는 추세에 있기 때문에 매매지수와 전세지수
가 급하게 오르고 있다. 다만, 최근에 급격하게 올랐기 때문에 주의할 필요
는 있겠다.

◈ 그림 2-2 KB부동산 강원도 공급에 따른 매매지수와 전세지수 차트 장기 시계열

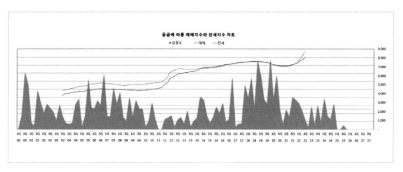

강원도에서 가장 큰 도시인 원주시 역시 상승하는 힘이 묵직하게 느껴
진다.

◈ 그림 2-3 KB부동산 강원도 원주시 공급에 따른 매매지수와 전세지수 차트 장기 시계열

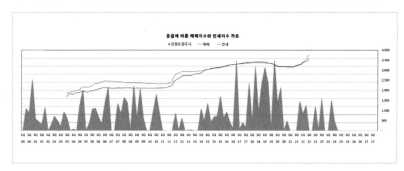

3 | 경기도

경기도는 규모가 크다 보니 전국 추세와 비슷하다. 서울, 경기도, 인천광역시와 같은 수도권의 추세는 시간만 조금 차이날 뿐 비슷하게 흘러간다. 부동산 투자를 할 때는 몇 달 조정받았다고 해서 거래가 안 된다고 섣불리 판단하면 안 된다. 큰 추세를 보고 멀리 볼 줄 알아야 한다. 짧게 보면 큰 수익을 내지 못하고, 추세에 대한 판단력이 흐려진다. 앞으로 3년 공급에 대한 데이터를 직접 분석해보자.

◎ **그림 2-4 KB부동산 경기도 공급에 따른 매매지수와 전세지수 차트 장기 시계열**

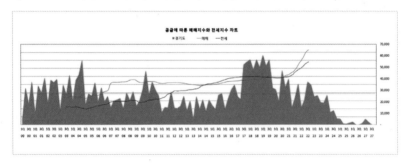

수도권은 우리나라에서 가장 많은 사람들이 살고 있는 지역으로 가장 규모가 크다. 경기도 고양시 덕양구는 2022년에 입주가 많지만, 내년부터 급감한 후 2년간 공급이 없다. 올해 조정되는 매력적인 매물이 있다면 노려봐도 괜찮을 것이다.

일산동구 및 서구는 앞으로 공급이 거의 없다. 새로운 공급이 없는 만큼, 신축에 대한 수요는 더더욱 높아질 것이다. 이 지역에서는 신축과 분양권을 잘 살펴보자.

그림 2-5 KB부동산 경기도 고양시 덕양구 공급에 따른 매매지수와 전세지수 차트

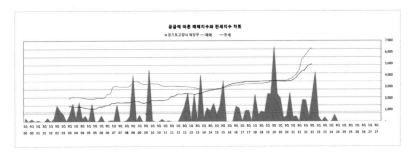

그림 2-6 KB부동산 경기도 고양시 일산동구 공급에 따른 매매지수와 전세지수 차트

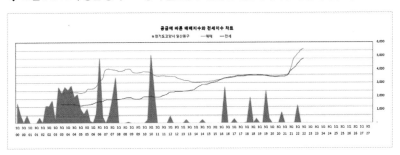

그림 2-7 KB부동산 경기도 고양시 일산서구 공급에 따른 매매지수와 전세지수 차트

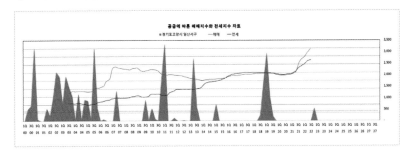

경기도 과천시는 입지상 서울이나 다름없다. 그래서 국지적으로 살펴보는 게 큰 의미는 없지만, 앞으로 공급이 많지 않아서 나쁘지 않다. 더욱이

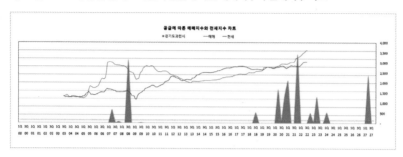

🔘 그림 2-8 KB부동산 경기도 과천시 공급에 따른 매매지수와 전세지수 차트

대부분의 구축 아파트들이 신축으로 변하면서 오히려 더 좋아지는 지역이
될 것이다.

경기도 광명시도 과천시와 비슷하다. 서울과 가까이 있어서 준서울급이
며, 주변에 일자리도 많다. 광명시에서도 재개발·재건축이 활발하다. 다행
히 한꺼번에 공급이 몰린 것이 아니라, 매년 단계별로 진행되고 있다. 광명
시도 과천시처럼 신축이 많이 들어서면서 완전히 바뀔 곳이다. 경기도에서
는 과천시, 광명시, 성남시, 수원시가 재건축·재개발 등 정비 현황이 활발
한 곳이니, 관심을 갖고 관찰하다가 기회를 포착하자.

🔘 그림 2-9 KB부동산 경기도 광명시 공급에 따른 매매지수와 전세지수 차트

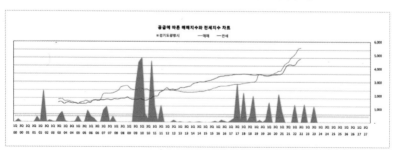

그림 2-10 KB부동산 경기도 광주시 공급에 따른 매매지수와 전세지수 차트

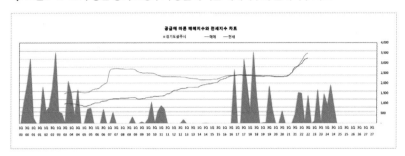

그림 2-11 KB부동산 경기도 구리시 공급에 따른 매매지수와 전세지수 차트

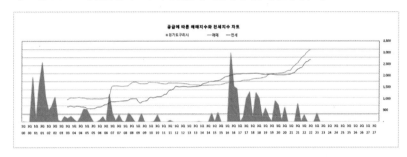

그림 2-12 KB부동산 경기도 군포시 공급에 따른 매매지수와 전세지수 차트

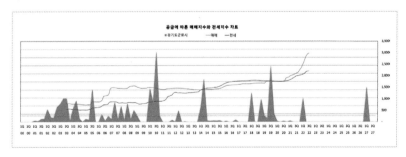

경기도 광주시도 지난 몇 년간 많이 상승했다. 그런데 올해부터는 공급 물량이 좀 있어서 보수적으로 접근해야 할 것이다. 그러나 재건축 이슈로

뜨거운 분당과 가까워서, 이주 수요를 받으면서 성장할 수 있는 도시이므로 잘 관찰해보자. 경기도 구리시는 공급이 줄어드는 추세에 있어서 나쁘지 않아 보인다. 경기도 군포시는 올해 1분기를 지나면 물량이 거의 없다.

경기도 김포시는 공급이 절정을 이룬 2020년 하반기와 2021년 상반기를 지난 후, 매매지수와 전세지수가 많이 상승했다. 이렇듯 수급은 신기하게 잘 들어맞는다. 앞으로 물량도 수요에 미치지 못할 것이다.

경기도 남양주시는 공급이 조금 있으나 점차적으로 줄어드는 추세를 보인다. 동두천시도 공급은 많지 않다.

📍 그림 2-13 KB부동산 경기도 김포시 공급에 따른 매매지수와 전세지수 차트

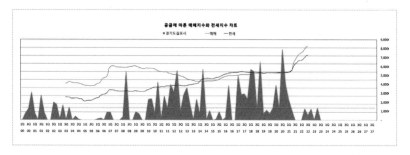

📍 그림 2-14 KB부동산 경기도 남양주시 공급에 따른 매매지수와 전세지수 차트

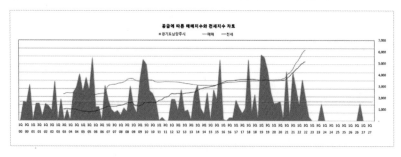

그림 2-15 KB부동산 경기도 동두천시 공급에 따른 매매지수와 전세지수 차트

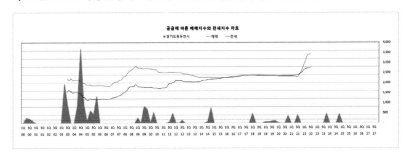

경기도 부천시는 2022년 말부터 2023년 초까지 일시적으로 공급이 있다. 그 물량만 소화하고 난 다음에는 공급이 거의 없으므로 순간적으로 기회가 올 수 있으니 잘 관찰해보자.

그림 2-16 KB부동산 경기도 부천시 공급에 따른 매매지수와 전세지수 차트

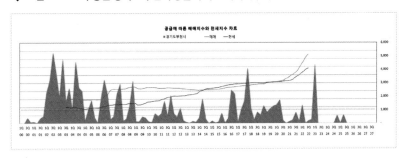

경기도 성남시 분당구는 오랫동안 꾸준히 상승했다. 살기 좋은 동네인데 새로운 공급이 없다. 성남시 수정구는 2023년 말에서 2024년 초에 물량이 좀 지나갈 텐데, 이 기간에 기회가 온다면 잘 잡아야 할 것이다.

경기도 성남시 중원구는 2022년 하반기에 공급이 많다. 그 이후로는 없으므로, 중원구 투자나 실거주를 고려하는 사람이라면 이때 기회를 잡아보

자. 공급이 잠깐 있다가 없어지면 기회이고, 공급이 누적해서 계속 증가하는 추세이면 투자를 하면 안 된다. 그 차이를 잘 알아야 한다.

◈ **그림 2-17** KB부동산 경기도 성남시 분당구 공급에 따른 매매지수와 전세지수 차트

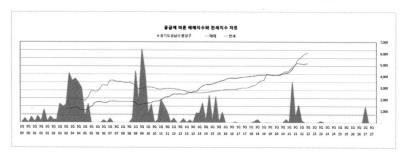

◈ **그림 2-18** KB부동산 경기도 성남시 수정구 공급에 따른 매매지수와 전세지수 차트

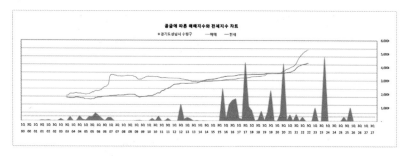

◈ **그림 2-19** KB부동산 경기도 성남시 중원구 공급에 따른 매매지수와 전세지수 차트

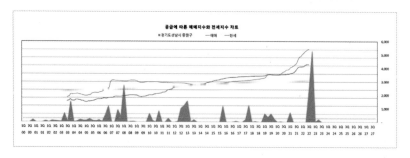

경기도 수원시를 살펴보자. 권선구는 올해 초에 물량을 소화하는 기간
이지만, 앞으로 공급은 수요에 미치지 못한다. 삼성전자 등 일자리 수요는
많은데 공급은 모자라니, 상승 추세가 크다. 영통구도 마찬가지로 공급이
줄어드는 추세여서 아주 좋다.

같은 수원시 내에서도 권선구와 영통구는 공급이 줄어드는 추세지만, 장
안구와 팔달구는 예정되어 있는 공급이 있다. 재개발 물량이 하나둘씩 입주
가 시작되기 때문이다. 앞으로 3년간은 공급이 많이 예정된 장안구나 팔달
구보다는 권선구와 영통구가 좀 더 현명한 선택일 것이다. 그 뒤에는 신축
이 많이 들어선 장안구, 팔달구가 더 좋을 수도 있다. 사이클은 돌고 돈다.

◇ 그림 2-20 KB부동산 경기도 수원시 권선구 공급에 따른 매매지수와 전세지수 차트

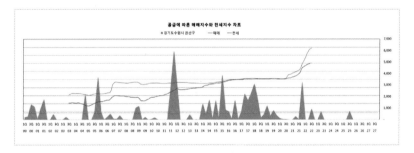

◇ 그림 2-21 KB부동산 경기도 수원시 영통구 공급에 따른 매매지수와 전세지수 차트

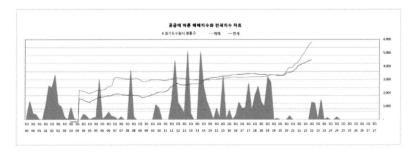

📍 **그림 2-22 KB부동산 경기도 수원시 장안구 공급에 따른 매매지수와 전세지수 차트**

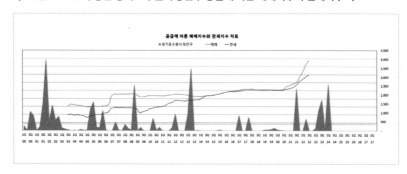

📍 **그림 2-23 KB부동산 경기도 수원시 팔달구 공급에 따른 매매지수와 전세지수 차트**

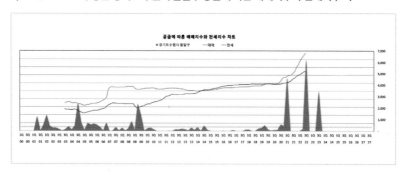

경기도 시흥시도 2021년 하반기에 공급이 줄어들면서 매매지수와 전세지수가 상승하는 기가 막힌 타이밍을 보여준다. 앞으로 공급이 조금 더 예정되어 있지만, 점차적으로 줄어드는 추세에 있다.

경기도 안산시 단원구와 상록구도 물량 구간을 지나서 상승 중이다.

경기도 안성시도 안산시 상록구와 같이 물량이 없는 2021년에 많이 상승했다. 수급 원칙이 정말 잘 들어맞는 도시 중 하나다. 2023~2025년에는 공급이 좀 있으니 주의하자.

◈ 그림 2-24 KB부동산 경기도 시흥시 공급에 따른 매매지수와 전세지수 차트

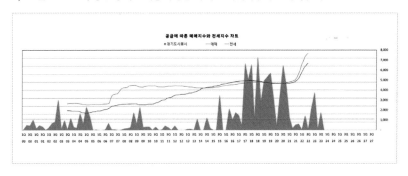

◈ 그림 2-25 KB부동산 경기도 안산시 단원구 공급에 따른 매매지수와 전세지수 차트

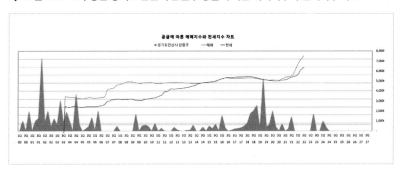

◈ 그림 2-26 KB부동산 경기도 안산시 상록구 공급에 따른 매매지수와 전세지수 차트

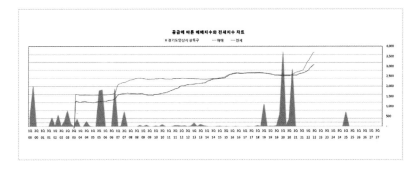

그림 2-27 KB부동산 경기도 안성시 공급에 따른 매매지수와 전세지수 차트

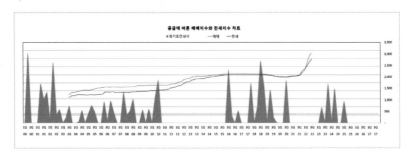

경기도 안양시 동안구와 만안구를 살펴보자. 평촌과 산본 신도시는 성남시의 분당 1기 신도시처럼 꾸준히 상승했다. 앞으로 공급이 좀 있지만, 심각하게 많은 수준은 아니어서 안정적인 우상향 곡선을 그릴 수 있겠다.

그림 2-28 KB부동산 경기도 안양시 동안구 공급에 따른 매매지수와 전세지수 차트

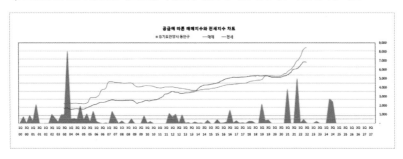

그림 2-29 KB부동산 경기도 안양시 만안구 공급에 따른 매매지수와 전세지수 차트

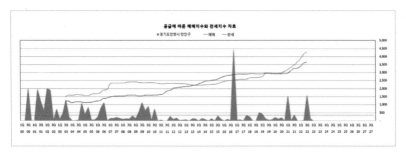

경기도 양주시는 물량이 많다. 신도시 신축의 영향으로 오를 수는 있겠지만, 필자가 선호하는 투자 방법은 아니다. 단, 물량이 다 소화될 때까지 버틸 자신이 있다면 괜찮다.

◈ 그림 2-30 KB부동산 경기도 양주시 공급에 따른 매매지수와 전세지수 차트

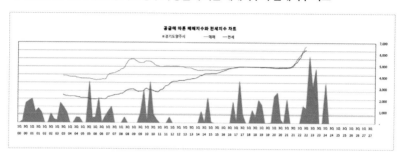

경기도 여주시도 앞으로 공급이 꽤 있다. 양주시나 여주시는 수도권 외곽에 위치해 있어서 신축이 들어설 땅이 많다. 서울은 신축이 들어설 땅이 없어서 항상 공급이 부족하지만, 수도권 외곽이나 지방 외곽 지역은 언제든지 새로 아파트가 들어설 수 있다. 이런 곳은 공급 물량에 더 민감하니 주의해서 접근해야 한다.

◈ 그림 2-31 KB부동산 경기도 여주시 공급 물량

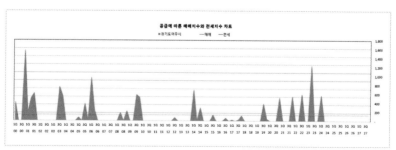

경기도 오산시도 2020~2021년에 공급이 줄어들면서 많이 상승했지만, 2023~2025년에 공급이 있으므로 주의해야겠다.

◉ **그림 2-32** KB부동산 경기도 오산시 공급에 따른 매매지수와 전세지수 차트

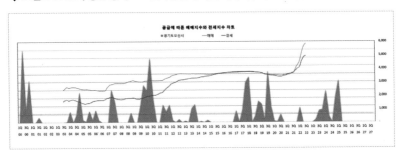

경기도 의왕시는 2021년 하반기부터 공급이 줄어들면서 상승 추세가 강하다.

◉ **그림 2-33** KB부동산 경기도 의왕시 공급에 따른 매매지수와 전세지수 차트

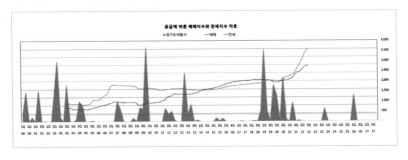

경기도 용인시 기흥구와 수지구는 앞으로 공급이 줄어드는 추세여서 힘 좋게 상승하고 있다. 하지만 처인구는 2023~2024년에 분양이 예정되어 있어서 주의 깊게 봐야 한다. 앞에서 살펴본 수원시와 비슷하게 용인시도 구

별로 나눠서 접근해야겠다. 앞으로 3년간 수급을 보면 처인구보다는 기흥구와 수지구가 나아 보인다.

🔽 그림 2-34. KB부동산 경기도 용인시 기흥구 공급에 따른 매매지수와 전세지수 차트

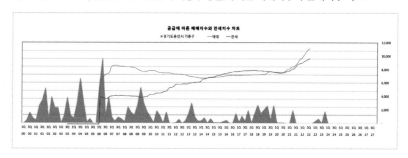

🔽 그림 2-35. KB부동산 경기도 용인시 수지구 공급에 따른 매매지수와 전세지수 차트

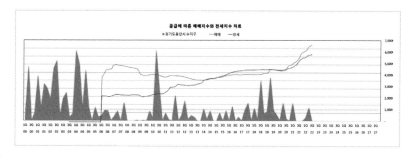

🔽 그림 2-36. KB부동산 경기도 용인시 처인구 공급에 따른 매매지수와 전세지수 차트

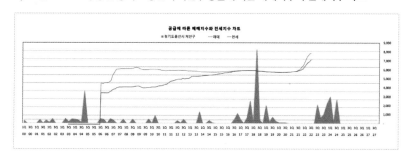

경기도 의정부시는 공급량이 많다. 이렇게 많은데도 매매와 전세가 상승할 수 있었던 배경은 수도권이 전체적으로 공급이 부족하기 때문이다. 수도권의 엄청난 수요와 부족한 공급을 의정부와 인천에서 받쳐주는 것이다. 그래서 시군구로도 살펴봐야 하지만, 수도권이나 도 단위로 보는 것도 중요하다. 의정부도 자세히 보면 물량의 추세는 점차 줄어들고 있다.

◉ **그림 2-37 KB부동산 경기도 의정부시 공급에 따른 매매지수와 전세지수 차트**

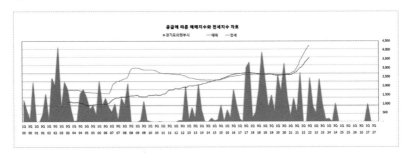

경기도 이천시 또한 공급 물량이 점차 줄어드는 구간에 들어와 상승하기 시작했다. 경기도 파주시는 현재 물량 구간을 지나고 있으나 2022년을 넘기면 점점 공급이 줄어든다.

◉ **그림 2-38 KB부동산 경기도 이천시 공급에 따른 매매지수와 전세지수 차트**

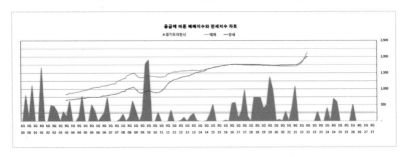

그림 2-39 KB부동산 경기도 파주시 공급에 따른 매매지수와 전세지수 차트

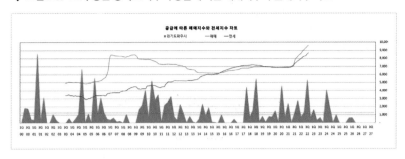

경기도 평택시는 필자가 생각했던 시기보다 빨리 반등하기 시작했다. 아무래도 유동성의 힘이 시기를 앞당긴 것 같다. 공급 물량은 점점 줄어드는 모습을 보이기 때문에 나쁘지 않다.

그림 2-40 KB부동산 경기도 평택시 공급에 따른 매매지수와 전세지수 차트

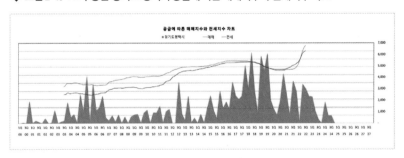

그림 2-41 KB부동산 경기도 하남시 공급에 따른 매매지수와 전세지수 차트

경기도 하남시도 공급 물량이 줄어드는 모양이 아름답다.

경기도 화성시도 평택시와 비슷하게 공급 물량이 줄어드는 추세를 보인다.

◈ 그림 2-42 KB부동산 경기도 화성시 공급에 따른 매매지수와 전세지수 차트

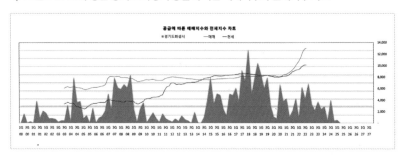

4 | 경상남도

경기도는 공급적인 측면에서 보면 아직도 좋지만, 매매지수가 이미 많이 오른 지역도 많다. 반면, 경상남도의 경우 앞으로 3년간 공급이 매우 적은데 매매지수가 이제야 전고점에 와 있는 수준이다. 경기도와 비교하면 걸음마 수준인 것을 알 수 있다. 우리나라는 이렇게 지역별로 사이클이 다르므로 서로 참고할 수 있어서 투자하기 편하다.

경상남도 거제시는 전고점은커녕 매매지수와 전세지수가 예전 수준만큼 회복하지도 않았다. 하지만 이 도시는 조선업의 영향이 크고 도시의 규모가 작으므로, 난이도가 높다. 필자는 조선업에 대해 잘 몰라서 투자를 하지 않지만, 이 업계를 잘 아는 사람이라면 기회를 찾아보자.

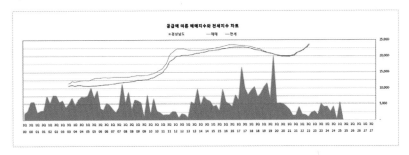

◈ 그림 2-44 KB부동산 경상남도 거제시 공급에 따른 매매지수와 전세지수 차트

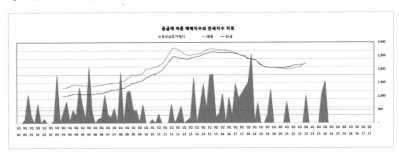

김해시는 경상남도 전체의 흐름과 비슷하게 나타난다. 앞으로 공급도 적당하지만, 2025년 1분기에 좀 있으니 그 기간만 주의하면 된다. 나쁘지 않아 보인다.

◈ 그림 2-45 KB부동산 경상남도 김해시 공급에 따른 매매지수와 전세지수 차트

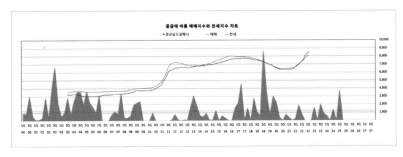

경상남도 양산시나 진주시도 김해시와 비슷한 양상을 보인다. 하지만 인구수가 많지 않은 도시라서 필자의 스타일은 아니다. 수익이 나지 않는다는 말은 아니다. 경상남도 추세를 따라갈 것이며, 충분히 수익이 날 수 있다. 단, 치고 빠지기를 잘할 수 없거나 초보자라면, 그래도 규모가 있는 도시에서 먼저 투자해보라고 권하고 싶다.

◈ 그림 2-46 KB부동산 경상남도 양산시 공급에 따른 매매지수와 전세지수 차트

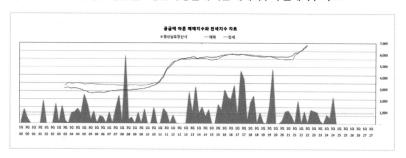

◈ 그림 2-47 KB부동산 경상남도 진주시 공급에 따른 매매지수와 전세지수 차트

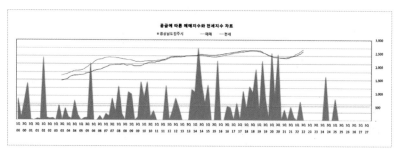

최근 수원시, 고양시, 용인시, 창원시는 특례시로 지정되어서 광역시급 복지 혜택을 누릴 수 있다고 한다. 창원시는 지방에서 유일하게 특례시로 뽑힌 곳이다. 첫 투자라면 우선 수도권, 광역시, 특례시 규모에서 시작하는

것이 바람직하다. 요새 KB부동산 매매지수와 전세지수가 가장 급격하게 오르는 곳 중 하나가 경상남도 창원시 마산합포구다. 4,000세대 넘는 월영

⊙ **그림 2-48** KB부동산 경상남도 창원시 마산합포구 공급에 따른 매매지수와 전세지수 차트

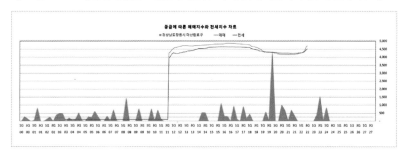

⊙ **그림 2-49** KB부동산 경상남도 창원시 마산회원구 공급에 따른 매매지수와 전세지수 차트

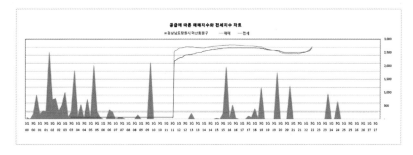

⊙ **그림 2-50** KB부동산 경상남도 창원시 진해구 공급에 따른 매매지수와 전세지수 차트

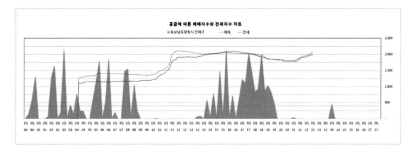

마린애시앙의 미분양이 해소되면서 방향을 틀었다. 앞으로 공급 물량도 많지 않고 매매지수와 전세지수도 아직 전고점 수준도 못 간 상태여서, 기대되는 지역 중 한 곳이다. 마산회원구나 진해구도 비슷한 양상을 보이며, 같은 추세를 탈 것이다.

창원시 성산구는 마산이나 진해보다 입지가 좋기 때문에 매매지수나 전세지수가 좀 더 상승했다. 하지만 이제 전고점 수준이다. 더욱이 앞으로 공급 물량이 제로 수준으로 경이롭다.

그림 2-51 KB부동산 경상남도 창원시 성산구 공급에 따른 매매지수와 전세지수 차트

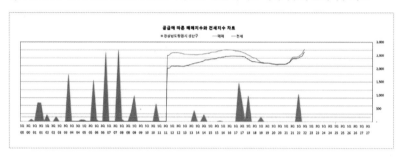

창원시 의창구도 성산구와 마찬가지다. 통영시는 인구수가 12만으로 작은 도시이므로 참고만 하자. 게다가 인구수가 매년 줄고 있는 지역이다.

그림 2-52 KB부동산 경상남도 창원시 의창구 공급에 따른 매매지수와 전세지수 차트

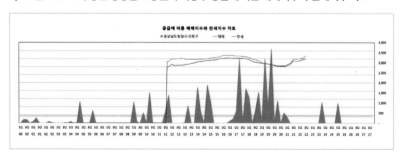

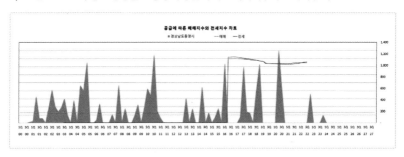

5 | 경상북도

경상북도는 경상남도와 다르게 앞으로 3년간 공급 물량이 제법 있다. 단순하게 경상남도와 경상북도를 비교하자면, 지금 시점에서는 경상남도가 수급 측면에서 투자하기 좋다. 물론 사이클은 돌고 돌기 때문에, 나중에는 반대 상황이 될 수도 있다.

경상북도 경산시와 경주시도 경상북도의 큰 추세를 따른다. 앞으로 3년 내 물량이 있다.

⊙ 그림 2-54 KB부동산 경상북도 공급에 따른 매매지수와 전세지수 차트

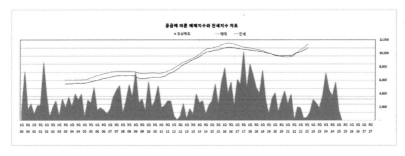

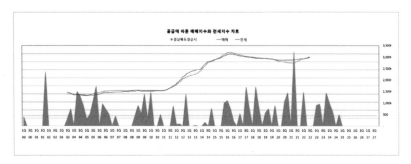

그림 2-55 KB부동산 경상북도 경산시 공급에 따른 매매지수와 전세지수 차트

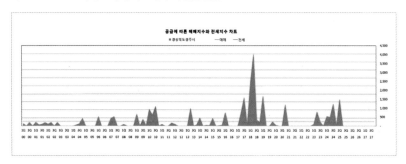

그림 2-56 KB부동산 경상북도 경주시 공급 물량

구미시, 안동시, 포항시도 공급 물량이 곧 다가오므로 주의해야 한다.

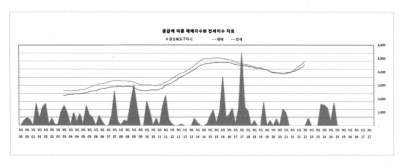

그림 2-57 KB부동산 경상북도 구미시 공급에 따른 매매지수와 전세지수 차트

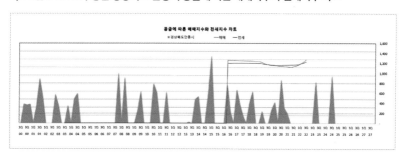

◈ 그림 2-58 KB부동산 경상북도 안동시 공급에 따른 매매지수와 전세지수 차트

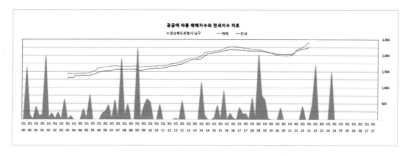

◈ 그림 2-59 KB부동산 경상북도 포항시 남구 공급에 따른 매매지수와 전세지수 차트

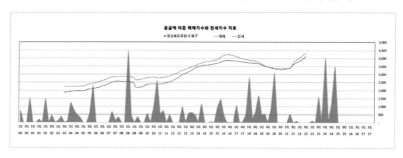

◈ 그림 2-60 KB부동산 경상북도 포항시 북구 공급에 따른 매매지수와 전세지수 차트

6 | 광주광역시

광주광역시는 2022년에 공급 피크를 지나고 있다. 2022년 물량만 잘 지

나간다면, 그 이후로는 공급이 점차 줄어들면서 흐름이 좋을 것이다.

광주광역시 중에서도 광산구는 공급이 거의 없다. 남구도 마찬가지로 2021년을 지나면서 점차 공급이 줄어드는 추세에 있다.

하지만 동구와 북구는 물량이 꽤 예정되어 있다. 물론 2022년을 지나면 점점 줄어드는 추세로 방향을 바꿀 것이다. 서구 또한 2022년에 조금 있고 그 이후로는 거의 없다. 광주광역시는 전체적으로 2022년 이후로 공급이 줄어들기 때문에, 2022년에 기회가 온다면 잡아보자.

◈ 그림 2-61 KB부동산 광주광역시 공급에 따른 매매지수와 전세지수 차트

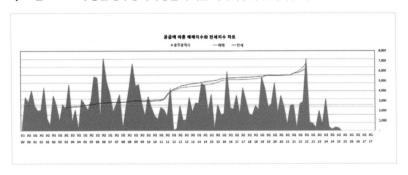

◈ 그림 2-62 KB부동산 광주광역시 광산구 공급에 따른 매매지수와 전세지수 차트

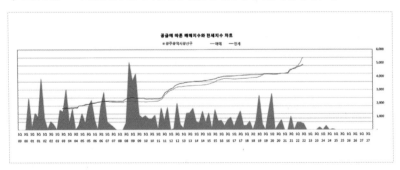

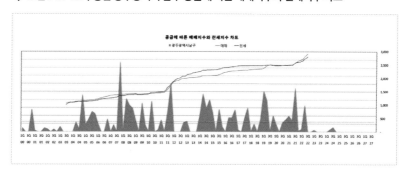

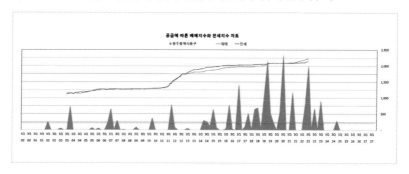

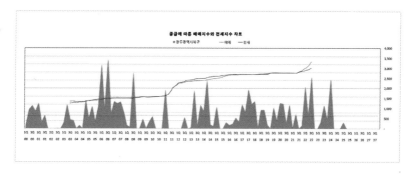

그림 2-66 KB부동산 광주광역시 서구 공급에 따른 매매지수와 전세지수 차트

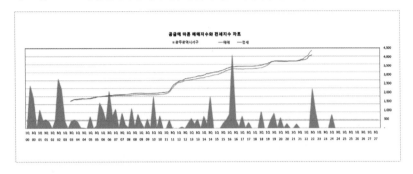

7 | 대구광역시

이제 전국이 다 오르는 시기는 지났다. 각 도시별로 수급 사이클이 다르기 때문에, 상승하는 곳도 있을 것이고 하락하는 곳도 있을 것이다. 공부를 더 열심히 해야 하는 이유이기도 하다. 대구광역시는 앞으로 2년간 공급이 늘어나는 지역이다. 이러한 지역은 공급이 다시 줄어들기 시작하는 시점인 2024년 1분기부터 기회를 노려보는 것이 좋다. 선진입하려면 2023년 하반기부터 열심히 관찰해야겠다. 2022~2023년은 공급 앞에 장사 없을 것이다.

대구광역시 남구는 공급이 늘어나는 추세에 있는 것이 확연하게 보인다.

달서구, 달성군, 북구는 그나마 물량 추세가 나아 보인다. 하지만 동구서구, 중구, 수성구(일시적)에 많은 물량이 예정되어 있다.

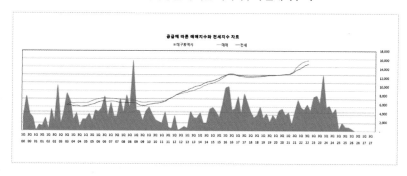

그림 2-67 KB부동산 대구광역시 공급에 따른 매매지수와 전세지수 차트

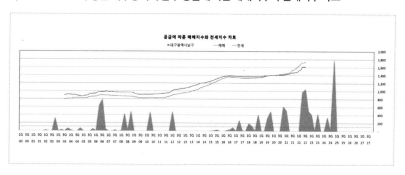

그림 2-68 KB부동산 대구광역시 남구 공급에 따른 매매지수와 전세지수 차트

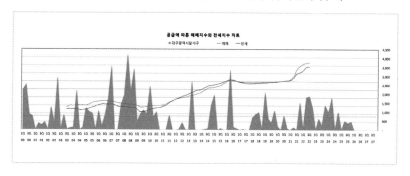

그림 2-69 KB부동산 대구광역시 달서구 공급에 따른 매매지수와 전세지수 차트

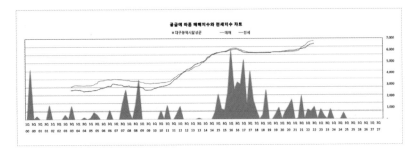

◈ 그림 2-70 KB부동산 대구광역시 달성군 공급에 따른 매매지수와 전세지수 차트

◈ 그림 2-71 KB부동산 대구광역시 북구 공급에 따른 매매지수와 전세지수 차트

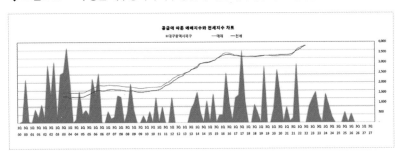

◈ 그림 2-72 KB부동산 대구광역시 수성구 공급에 따른 매매지수와 전세지수 차트

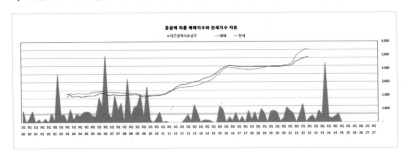

대구광역시 공급의 주범이 아래 차트에서 나타난다. 이 물량을 소화할 때까지 좀 쉬어가야 할 것이다.

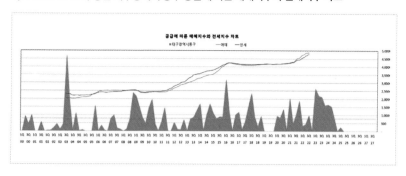

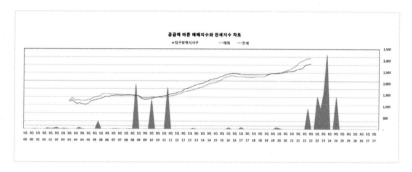

◈ 그림 2-75 KB부동산 대구광역시 중구 공급에 따른 매매지수와 전세지수 차트

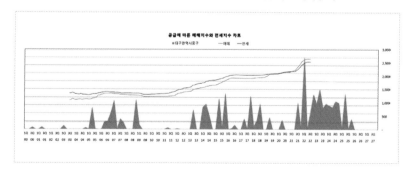

8 | 대전광역시

대전광역시는 근 5년간 물량이 적당하거나 조금 부족했다. 세종특별시의 물량이 다 소화된 후로 대전도 크게 상승했다. 2021년 하반기부터 물량이 좀 생기면서 상승 피로감을 해소하며 잠시 멈춰 있는데, 앞으로 시간이 지나면서 세종과 대전은 다시 공급 감소 추세에 접어들게 된다. 단, 이미 어느 정도 상승한 곳이므로 수도권과 비슷하게 보도록 하자.

◉ 그림 2-76 KB부동산 대전광역시 공급에 따른 매매지수와 전세지수 차트

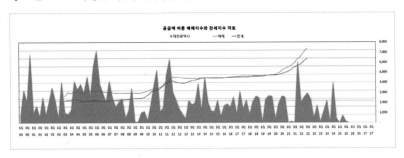

대덕구는 공급 물량이 그렇게 많아 보이지 않는다. 하지만 동구는 예정된 공급이 있다.

◉ 그림 2-77 KB부동산 대전광역시 대덕구 공급에 따른 매매지수와 전세지수 차트

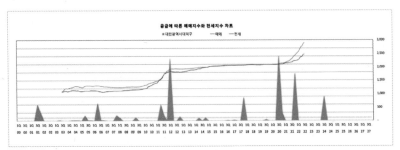

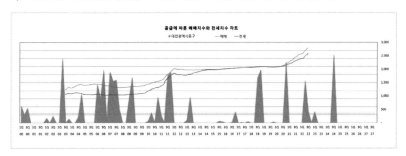

◈ 그림 2-78 KB부동산 대전광역시 동구 공급에 따른 매매지수와 전세지수 차트

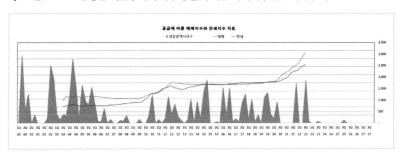

◈ 그림 2-79 KB부동산 대전광역시 서구 공급에 따른 매매지수와 전세지수 차트

서구도 2022년에 공급 물량이 있다. 유성구와 중구 또한 많지는 않지만 조금씩 물량이 보인다. 심각한 수준은 아니기 때문에 크게 걱정되지는 않는다.

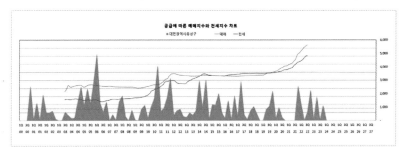

◈ 그림 2-80 KB부동산 대전광역시 유성구 공급에 따른 매매지수와 전세지수 차트

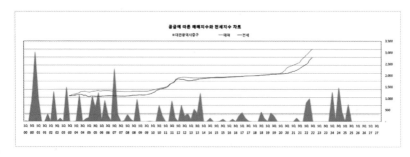

9 | 부산광역시

부산광역시는 2022년을 기점으로 공급이 줄어드는 추세에 접어든다. 강서구, 금정구, 기장군도 물량이 거의 없다. 앞으로 3년은 부울경(부산, 울산, 경상남도)의 시대가 될 것이다.

⦿ 그림 2-82 KB부동산 부산광역시 공급에 따른 매매지수와 전세지수 차트

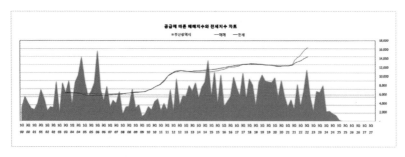

남구와 동구는 물량이 조금 있지만, 2022~2023년에 이 물량만 잘 소화하면 그다음부터는 물량이 없다. 부산광역시는 자체적으로 1~2년 뒤부터

새로운 물량이 감소하기 시작한다.

◎ 그림 2-83 KB부동산 부산광역시 강서구 공급에 따른 매매지수와 전세지수 차트

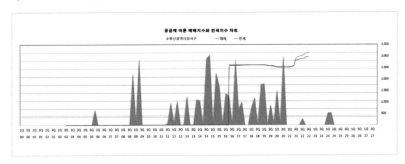

◎ 그림 2-84 KB부동산 부산광역시 금정구 공급에 따른 매매지수와 전세지수 차트

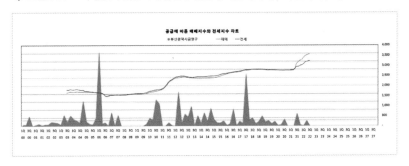

◎ 그림 2-85 KB부동산 부산광역시 기장군 공급에 따른 매매지수와 전세지수 차트

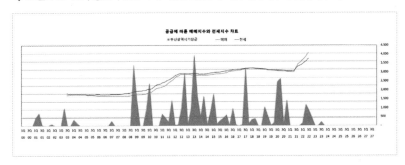

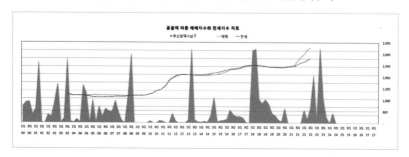

◈ 그림 2-86 KB부동산 부산광역시 남구 공급에 따른 매매지수와 전세지수 차트

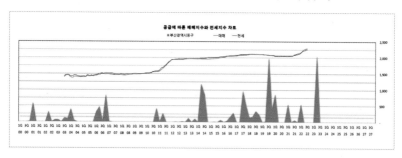

◈ 그림 2-87 KB부동산 부산광역시 동구 공급에 따른 매매지수와 전세지수 차트

동래구와 북구는 물량이 거의 없으며, 부산진구도 2022~2023년 물량만 소화하면 감소 추세다.

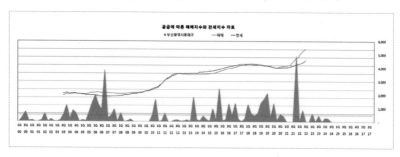

◈ 그림 2-88 KB부동산 부산광역시 동래구 공급에 따른 매매지수와 전세지수 차트

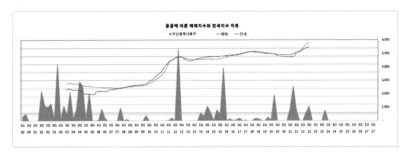

◈ 그림 2-90 KB부동산 부산광역시 부산진구 공급에 따른 매매지수와 전세지수 차트

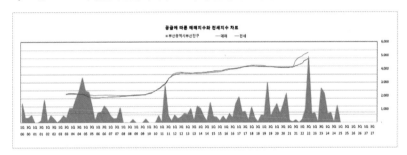

서구와 사상구도 2022~2023년에 물량이 있으나 그 이후엔 없고, 사하구와 수영구는 지금도 물량이 거의 없어서 양호하다.

◈ 그림 2-91 KB부동산 부산광역시 서구 공급에 따른 매매지수와 전세지수 차트

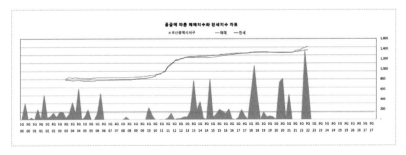

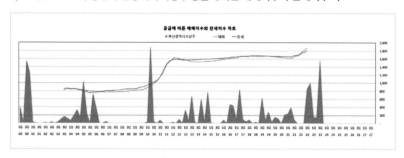

⊙ 그림 2-92 KB부동산 부산광역시 사상구 공급에 따른 매매지수와 전세지수 차트

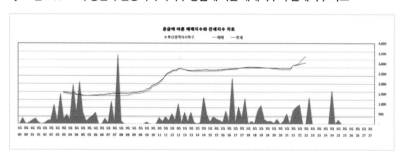

⊙ 그림 2-93 KB부동산 부산광역시 사하구 공급에 따른 매매지수와 전세지수 차트

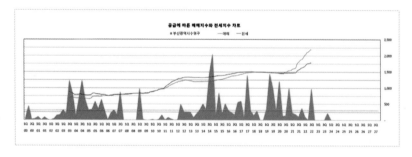

⊙ 그림 2-94 KB부동산 부산광역시 수영구 공급에 따른 매매지수와 전세지수 차트

연제구와 영도구는 물량이 다가오고 있어서 주의해야겠지만, 그 구간을
지나고 나면 괜찮다. 중구와 해운대구는 예정된 물량이 거의 없다.

◈ 그림 2-95 KB부동산 부산광역시 연제구 공급에 따른 매매지수와 전세지수 차트

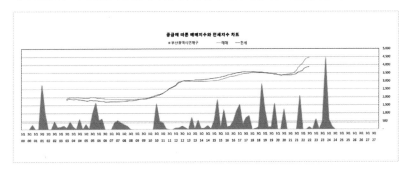

◈ 그림 2-96 KB부동산 부산광역시 영도구 공급에 따른 매매지수와 전세지수 차트

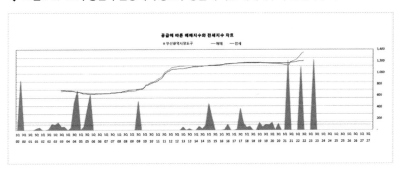

◈ 그림 2-97 KB부동산 부산광역시 중구 공급에 따른 매매지수와 전세지수 차트

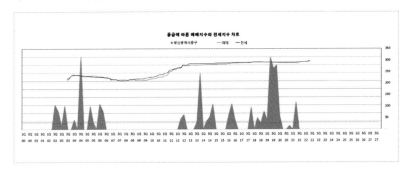

그림 2-98 KB부동산 부산광역시 해운대구 공급에 따른 매매지수와 전세지수 차트

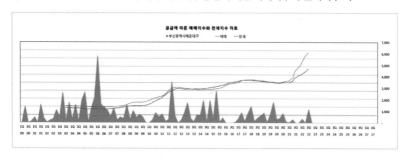

10 | 서울특별시

서울은 말할 것도 없다. 공급은 점점 씨가 말라간다. 땅이 한정적이라 더 이상 신축이 들어설 공간이 없는 것이다. 하루빨리 재건축·재개발 등 정비 사업을 촉진시켜서 공급을 늘리는 방법밖에 없다.

강남구는 물량이 좀 예정되어 있으나, 우리나라 1등 지역인 만큼 수요가 받쳐줄 것이다. 강동구는 앞으로 3년간 공급이 거의 없는 수준이다.

강북구, 강서구, 관악구는 놀랄 정도로 물량이 없다.

그림 2-99 KB부동산 서울특별시 공급에 따른 매매지수와 전세지수 차트

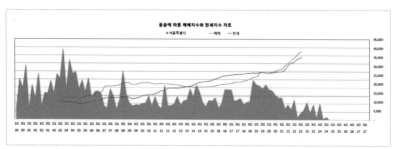

📍 그림 2-100 KB부동산 서울특별시 강남구 공급에 따른 매매지수와 전세지수 차트

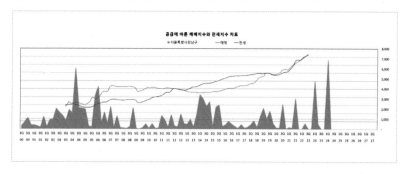

📍 그림 2-101 KB부동산 서울특별시 강동구 공급에 따른 매매지수와 전세지수 차트

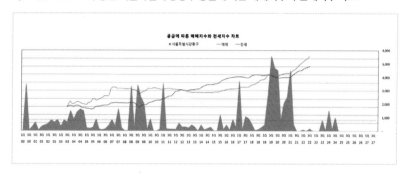

📍 그림 2-102 KB부동산 서울특별시 강북구 공급에 따른 매매지수와 전세지수 차트

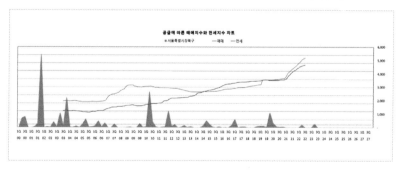

🔸 그림 2-103 KB부동산 서울특별시 강서구 공급에 따른 매매지수와 전세지수 차트

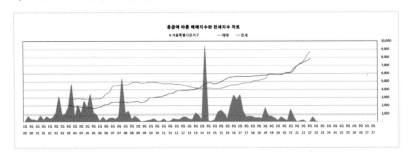

🔸 그림 2-104 KB부동산 서울특별시 관악구 공급에 따른 매매지수와 전세지수 차트

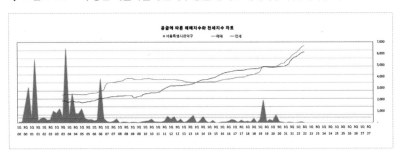

광진구와 구로구는 물량이 조금 있지만 보통이고, 금천구는 예정된 공급이 거의 없다.

🔸 그림 2-105 KB부동산 서울특별시 광진구 공급에 따른 매매지수와 전세지수 차트

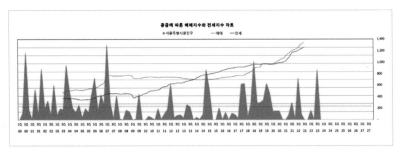

그림 2-106 KB부동산 서울특별시 구로구 공급에 따른 매매지수와 전세지수 차트

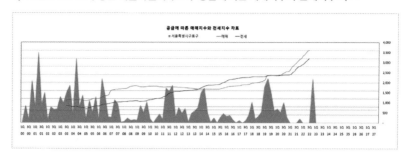

그림 2-107 KB부동산 서울특별시 금천구 공급에 따른 매매지수와 전세지수 차트

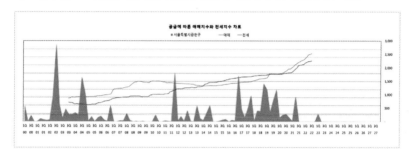

노원구, 도봉구, 동대문구도 공급이 매우 부족하다.

그림 2-108 KB부동산 서울특별시 노원구 공급에 따른 매매지수와 전세지수 차트

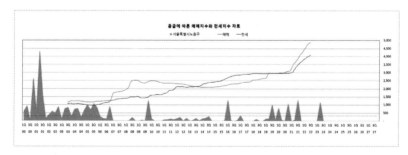

◈ 그림 2-109 KB부동산 서울특별시 도봉구 공급에 따른 매매지수와 전세지수 차트

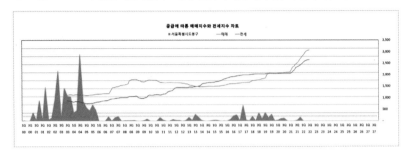

◈ 그림 2-110 KB부동산 서울특별시 동대문구 공급에 따른 매매지수와 전세지수 차트

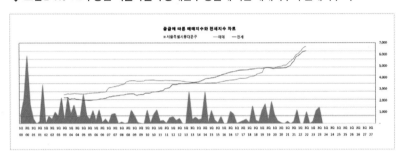

동작구와 서대문구의 공급은 보통인 수준이나, 마포구의 공급은 거의 제로 수준이다.

◈ 그림 2-111 KB부동산 서울특별시 동작구 공급에 따른 매매지수와 전세지수 차트

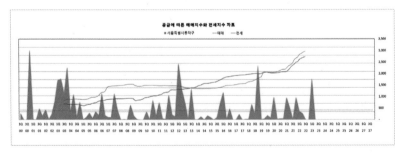

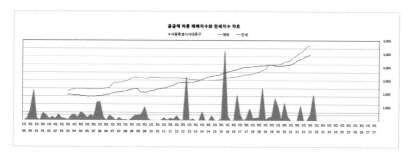

🔽 그림 2-112 KB부동산 서울특별시 서대문구 공급에 따른 매매지수와 전세지수 차트

🔽 그림 2-113 KB부동산 서울특별시 마포구 공급에 따른 매매지수와 전세지수 차트

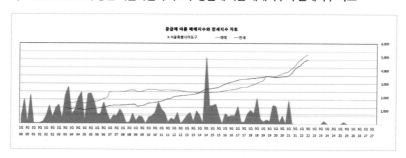

서초구는 물량이 조금 예정되어 있으나, 성동구와 성북구는 턱없이 부족하다.

🔽 그림 2-114 KB부동산 서울특별시 서초구 공급에 따른 매매지수와 전세지수 차트

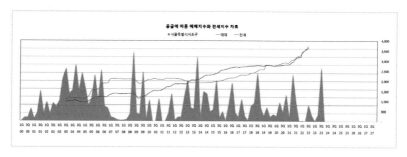

◈ 그림 2-115 KB부동산 서울특별시 성동구 공급에 따른 매매지수와 전세지수 차트

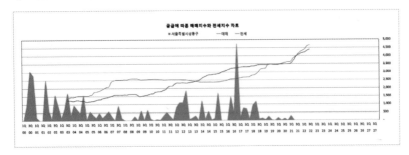

◈ 그림 2-116 KB부동산 서울특별시 성북구 공급에 따른 매매지수와 전세지수 차트

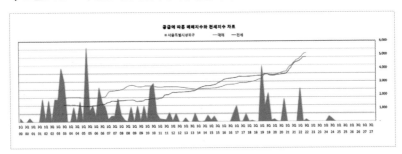

송파구, 양천구, 영등포구는 심각할 정도로 앞으로 공급 물량이 부족하다.

◈ 그림 2-117 KB부동산 서울특별시 송파구 공급에 따른 매매지수와 전세지수 차트

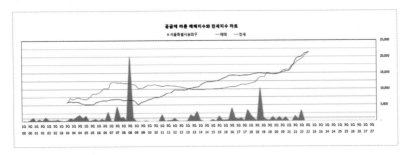

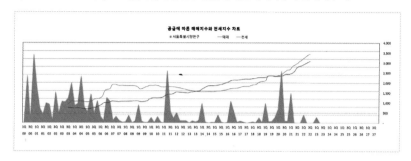

◈ 그림 2-119 KB부동산 서울특별시 영등포구 공급에 따른 매매지수와 전세지수 차트

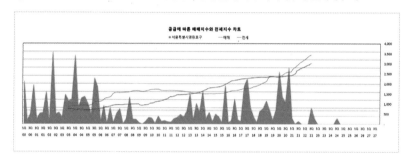

용산구, 은평구, 종로구도 마찬가지로 공급이 부족하다.

◈ 그림 2-120 KB부동산 서울특별시 용산구 공급에 따른 매매지수와 전세지수 차트

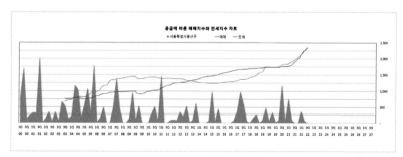

◈ 그림 2-121 KB부동산 서울특별시 은평구 공급에 따른 매매지수와 전세지수 차트

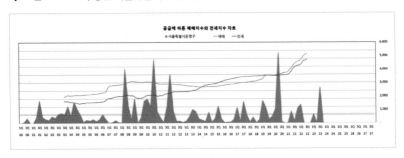

◈ 그림 2-122 KB부동산 서울특별시 종로구 공급에 따른 매매지수와 전세지수 차트

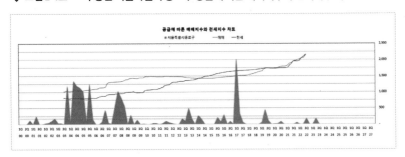

중구와 중랑구도 역시 공급이 부족하다. 서울은 대부분 공급이 부족한 상황이다.

◈ 그림 2-123 KB부동산 서울특별시 중구 공급에 따른 매매지수와 전세지수 차트

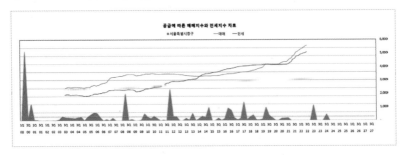

📍 그림 2-124 KB부동산 서울특별시 중랑구 공급에 따른 매매지수와 전세지수 차트

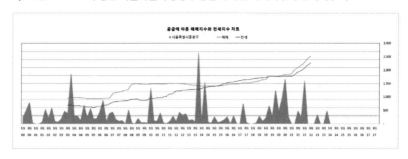

11 | 세종특별자치시

세종시는 대전과 함께 움직이는데, 현재 급등한 피로감으로 조정받고 있다. 하지만 공급은 2022년 하반기부터 줄어들면서 감소 추세에 들어간다.

📍 그림 2-125 KB부동산 세종특별자치시 공급에 따른 매매지수와 전세지수 차트

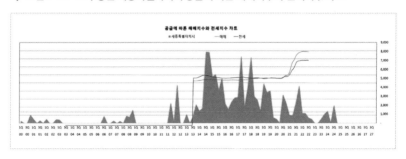

12 | 울산광역시

앞에서 살펴본 것처럼 앞으로 3년은 부울경의 흐름이 좋은데, 울산은 부

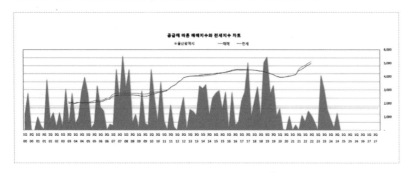

◉ 그림 2-126 KB부동산 울산광역시 공급에 따른 매매지수와 전세지수 차트

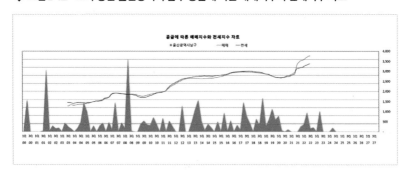

◉ 그림 2-127 KB부동산 울산광역시 남구 공급에 따른 매매지수와 전세지수 차트

산이나 창원에 비하면 공급이 제법 많은 편이다. 2020~2022년 공급이 부족한 시기에 여지없이 많이 올랐다. 하지만 2023년에 공급이 좀 있기 때문에 주의해야 한다. 더 자세히 살펴보면, 울산 남구는 공급이 거의 없어서 괜찮아 보이지만 동구는 2023년에 예정된 분양 물량이 있다.

북구와 울주군에는 물량이 없지만, 중구에 예정된 물량이 꽤 된다. 울산광역시에서는 중구와 동구를 주의해야겠다. 물론 준비된 사람들한테는 미래의 기회가 될 수도 있다.

🔽 그림 2-128 KB부동산 울산광역시 동구 공급에 따른 매매지수와 전세지수 차트

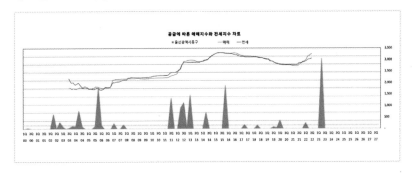

🔽 그림 2-129 KB부동산 울산광역시 북구 공급에 따른 매매지수와 전세지수 차트

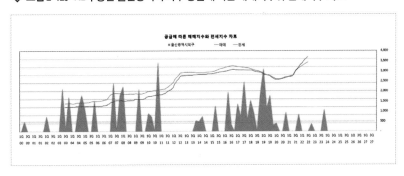

🔽 그림 2-130 KB부동산 울산광역시 울주군 공급에 따른 매매지수와 전세지수 차트

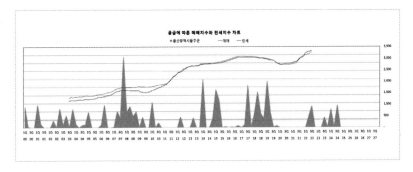

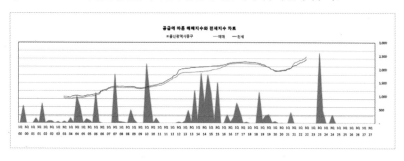

13 | 인천광역시

인천광역시는 2023년까지는 물량이 많다. 하지만 서울과 경기도의 수요가 이 물량까지 소화해 줄지 한번 지켜보자. 2023년 이후에는 인천광역시도 공급이 감소 추세에 접어든다. 물량을 소화하면 한 단계 레벨업되는 기회가 될 수도 있다. 물론 소화하는 과정이 힘들 수 있지만, 서울과 경기도가 도와줄 것이다.

인천 계양구는 2024년에 예정된 물량이 있지만, 남동구는 잔잔하다. 동구도 물량이 별로 없지만, 미추홀구와 부평구는 꽤 많은 물량이 줄줄이 입주한다. 다행인 것은, 절대적인 물량 수치는 많지만 점점 감소 추세에 있다는 것이다. 이렇게 감소 추세에 있는 곳은 물량을 소화할 당시에는 힘들지만 그 구간을 지나고 나서는 신축이 많이 들어서면서 인프라가 바뀔 것이고, 그다음부터는 동네 자체가 좋아지고 새로운 물량도 더 이상 없으니 파죽지세로 잘 달려간다.

인천광역시 서구는 현재 공급 물량이 많은 구간을 지나고 있다. 물량이 많은데도 매매가와 전세가는 제법 상승했다. 물론 물량을 소화할 때까지는 힘들 수 있지만, 고지가 멀지 않아 보인다. 2024년부터는 공급이 급감하므

◈ **그림 2-132** KB부동산 인천광역시 공급에 따른 매매지수와 전세지수 차트

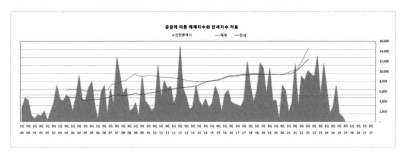

◈ **그림 2-133** KB부동산 인천광역시 계양구 공급에 따른 매매지수와 전세지수 차트

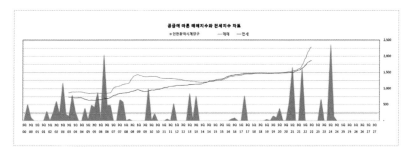

◈ **그림 2-134** KB부동산 인천광역시 남동구 공급에 따른 매매지수와 전세지수 차트

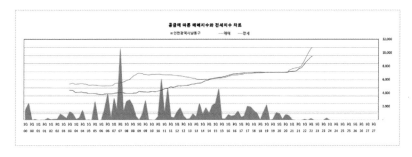

🔖 그림 2-135 KB부동산 인천광역시 동구 공급에 따른 매매지수와 전세지수 차트

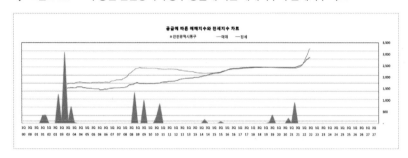

🔖 그림 2-136 KB부동산 인천광역시 미추홀구 공급에 따른 매매지수와 전세지수 차트

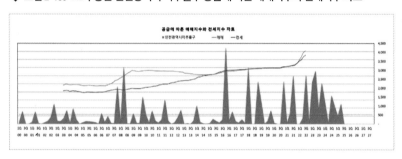

🔖 그림 2-137 KB부동산 인천광역시 부평구 공급에 따른 매매지수와 전세지수 차트

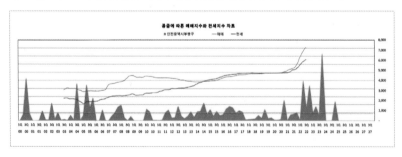

로, 나중에 입주하는 분양권 투자 등 전략을 잘 세우면 기회를 잡을 수 있을 것이다. 연수구와 중구도 물량이 조금 있지만, 심각한 수준은 아니다.

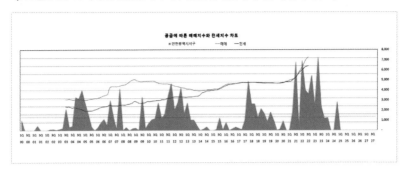

◈ 그림 2-138 KB부동산 인천광역시 서구 공급에 따른 매매지수와 전세지수 차트

◈ 그림 2-139 KB부동산 인천광역시 연수구 공급에 따른 매매지수와 전세지수 차트

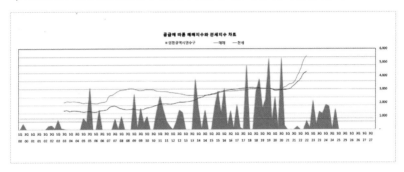

◈ 그림 2-140 KB부동산 인천광역시 중구 공급에 따른 매매지수와 전세지수 차트

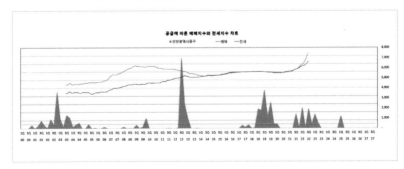

14 | 전라남도

전라남도도 최상은 아니지만, 공급이 감소하는 추세를 볼 수 있다. 필자는 개인적으로 인구수가 적은 소도시는 좋아하지 않아서 참고만 하고 있

📍 **그림 2-141 KB부동산 전라남도 공급에 따른 매매지수와 전세지수 차트**

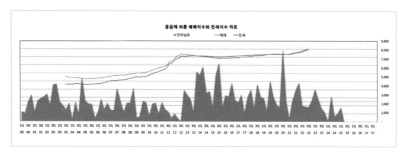

📍 **그림 2-142 KB부동산 전라남도 광양시 공급에 따른 매매지수와 전세지수 차트**

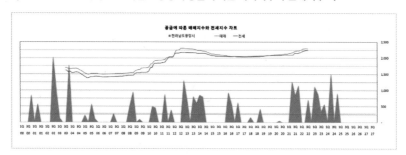

📍 **그림 2-143 KB부동산 전라남도 목포시 공급에 따른 매매지수와 전세지수 차트**

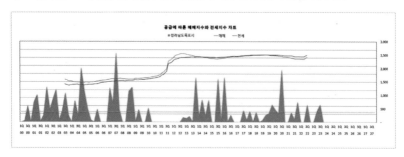

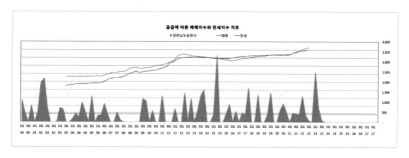

◉ 그림 2-144 KB부동산 전라남도 순천시 공급에 따른 매매지수와 전세지수 차트

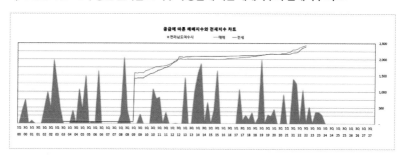

◉ 그림 2-145 KB부동산 전라남도 여수시 공급에 따른 매매지수와 전세지수 차트

다. 광양시와 목포시도 예정된 물량이 좀 있으므로, 주의해서 지켜보자.

순천도 아직 공급 물량이 예정되어 있다. 여수는 2022년 이후로 공급이 감소하므로 그나마 괜찮아 보인다. 하지만 인구수가 감소하는 소규모 도시이기에 투자지로 선호하지는 않는다. 이 도시가 상승하지 않는다는 것은 아니다. 더 좋은 도시가 눈에 들어올 뿐이다.

15 | 전라북도

전라북도는 공급 감소 추세에 접어들었고, 매매와 전세 모두 본격적으로 상승하기 시작했다. 군산시는 예정된 물량이 많이 없어서 흐름이 좋아 보인다. 단, 익산시는 지금은 좋으나 2024~2025년에 꽤 많은 공급 물량이 예정되어 있으므로 주의하자.

◈ 그림 2-146 KB부동산 전라북도 공급에 따른 매매지수와 전세지수 차트

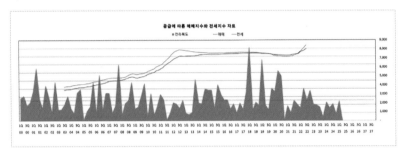

◈ 그림 2-147 KB부동산 전라북도 군산시 공급에 따른 매매지수와 전세지수 차트

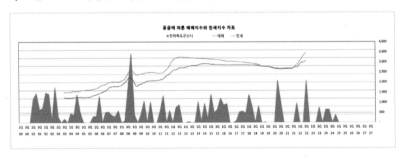

◈ 그림 2-148 KB부동산 전라북도 익산시 공급에 따른 매매지수와 전세지수 차트

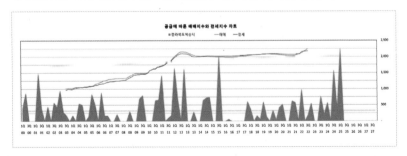

그림 2-149 KB부동산 전라북도 전주시 덕진구 공급에 따른 매매지수와 전세지수 차트

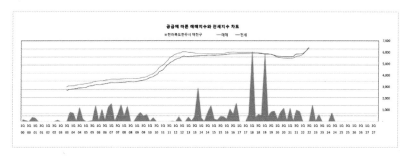

그림 2-150 KB부동산 전라북도 전주시 완산구 공급에 따른 매매지수와 전세지수 차트

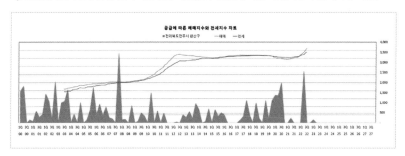

전라북도의 가장 큰 도시는 전주시다. 전주시의 덕진구는 공급 물량이 매우 적어서 흐름이 좋을 것으로 예상된다. 완산구도 2022년에 물량이 좀 있지만, 그 이후로는 거의 없다. 전주시는 그동안 많았던 에코시티, 효천지구, 혁신지구 등 외곽 신축 입주를 다 소화하고 드디어 공급이 줄어드는 추세에 접어들었다. 기대되는 매력적인 도시다.

16 | 제주특별자치도

제주도는 투자를 떠나서 살아보고 싶은 매우 매력적인 도시다. 공급도

향후 3년간 거의 없어서 상승 중이다. 제주도를 왕래하면서 관리가 가능하다면, 기회의 땅이 될 것이다.

◉ 그림 2-151 KB부동산 제주도 공급물량 차트

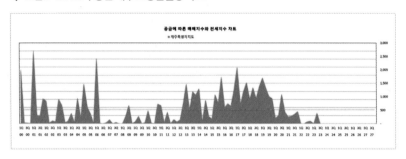

17 | 충청남도

충청남도를 대표하는 도시는 천안시와 아산시가 있다. 일자리가 풍부한 지역으로 지방에서 보기 드물게 인구수가 증가하는 도시다. 수요가 풍부하기 때문에 공급만 감소되는 시점에 진입한다면 마음 편히 투자할 수 있다. 아쉽게도 1~2년간은 공급 물량이 꽤 있어서 힘들겠지만, 2024년 하반기 이후로는 급감한다. 이 시기를 노리려면 지금부터 잘 관찰하자.

◉ 그림 2-152 KB부동산 충청남도 공급에 따른 매매지수와 전세지수 차트

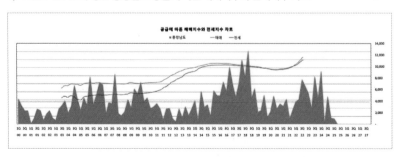

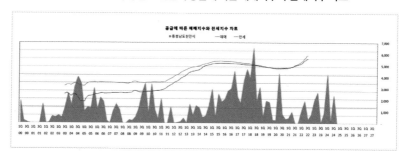

◉ 그림 2-153 KB부동산 충청남도 천안시 공급에 따른 매매지수와 전세지수 차트

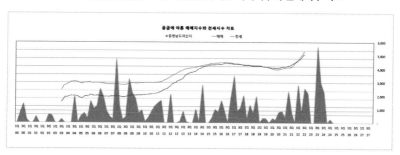

◉ 그림 2-154 KB부동산 충청남도 아산시 공급에 따른 매매지수와 전세지수 차트

18 | 충청북도

충청북도를 대표하는 도시는 청주시다. 청주시도 천안 및 아산과 비슷하게 일자리가 많아서, 인구수가 늘어나는 지방 도시 중 하나다. 마침 충청북도는 공급이 감소하는 추세에 접어들어 이미 상승이 진행 중이다. 청주시 상당구는 물량이 좀 있지만 점점 줄어들고 있으며, 서원구는 공급이 많이 없다.

청주시 청원구도 물량이 거의 없다. 청주시 흥덕구는 공급이 예정되어 있지만 소화할 수 있는 물량이다. 충주시는 공급이 거의 없는 수준이다.

◈ 그림 2-155 KB부동산 충청북도 공급에 따른 매매지수와 전세지수 차트

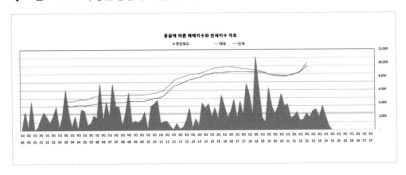

◈ 그림 2-156 KB부동산 충청북도 청주시 상당구 공급에 따른 매매지수와 전세지수 차트

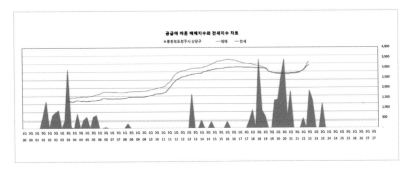

◈ 그림 2-157 KB부동산 충청북도 청주시 서원구 공급에 따른 매매지수와 전세지수 차트

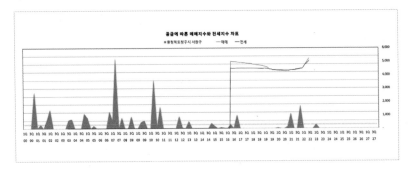

그림 2-158 KB부동산 충청북도 청주시 청원구 공급에 따른 매매지수와 전세지수 차트

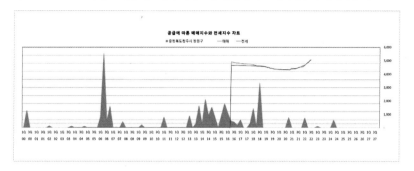

그림 2-159 KB부동산 충청북도 청주시 흥덕구 공급에 따른 매매지수와 전세지수 차트

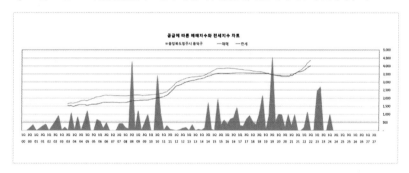

그림 2-160 KB부동산 충청북도 충주시 공급에 따른 매매지수와 전세지수 차트

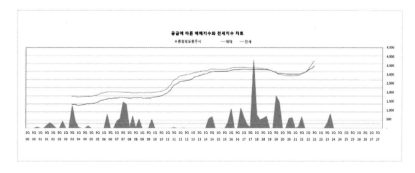

:: 제이크의 One Point Lesson

이제 모든 지역이 오르는 시기는 지났다. 각자도생에 접어든 시점이니만큼, 철저하게 분석하고 앞으로 3년 동안 공급이 없는 지역을 선별해서 투자해야 한다. 이번 장에서 살펴본 많은 지역 중에서 어느 지역이 가장 매력적인가? 어느 지역이 공급이 많이 없어서 마음 편히 투자할 수 있을까? 정답은 차트에 있다.

빅데이터 차트로 보는 매매지수가
오를 수 있는 시크릿 조건

공급 물량에 집중해서 차트를 보았다면, 이제부터는 매매지수와 전세지수만 집중적으로 분석해보자. 수년간 전국의 차트를 분석해보니 상승할 수 있는 몇 가지 조건을 발견하였다. 금융시장에서 기술적 분석을 할 때 많이 활용되는 엘리어트 파동 이론도 부동산에 접목시킬 수 있다. 매매지수의 상승 조건은 다음과 같다.

---

1. 전세지수가 매매지수와 같거나 넘어설 때까지 상승한다.
2. 매매지수가 전고점을 넘어선다.

전세지수는 앞에서 살펴본 수급에 의해 발생하므로, 1번 조건은 위에서

살펴본 공급 데이터에 의해 결정된다. 그래서 수급이 가장 중요하다. 공급 앞에는 장사 없다. 2번 조건은 엘리어트 파동 이론이나 윌리엄 오닐 등 금융시장에서 기술적 분석으로 많이 활용되는 방법이다. 이 이론은 시장의 규모가 클수록 잘 맞는다. 규모가 있는 도시를 선호하는 것은 이 때문이다. 참 간단한 조건 아닌가? 이 조건을 수급 데이터를 빼고 살펴보자.

1 | 서울특별시

먼저 서울의 매매지수와 전세지수 차트를 살펴보면, 서울은 전세지수가 매매지수를 넘어서는 현상이 먼저 발생했다. 그다음 2번 조건처럼 매매지수가 전고점을 넘어섰고, 지금까지 대세 상승기를 맞이하고 있다. 이것이 바로 대세 상승의 조건이다.

좀 더 자세히 살펴보면, 1번 조건은 2013년도에, 2번 조건은 2017년도에 발생했다. 1번 조건만 만족하는 2013년에 투자했으면 정말 큰 수익을 보았겠지만, 필자는 1, 2번 조건을 동시에 만족할 때 투자를 시작했다. 조

◉ 그림 2-161 KB부동산 서울특별시 매매지수와 전세지수 차트

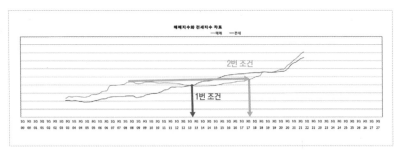

금 늦게 시작해도 수익은 충분히 나기 때문에 확실한 시기를 선택한 것이다. 한번 대세 상승장에 진입한 도시는 조금 오르고 끝나지 않는다. 그래서 대세 상승장이라고 하는 것이다. 그렇다면 서울은 이제 끝난 걸까? 아니다. 이 사이클은 계속 돌고 돈다. 다시 매매지수가 주춤하면서 정체되면, 전세지수가 치고 올라오면서 매매지수와 만나거나 넘어서는 시기가 있을 것이다. 그때부터 기회는 다시 시작된다. 서울은 항상 공급이 부족해서, 전세가가 횡보할 수는 있어도 크게 떨어지지는 않는다. 서울만 그럴까? 다른 도시들도 한번 살펴보자.

2 | 경기도, 인천광역시

경기도는 신기하게도 서울보다 1년 정도 늦게 조건들이 발생했다. 서울의 1, 2번 조건이 2013년, 2017년에 시작되고, 경기도는 2014년, 2018년에 시작됐다. 서울이 먼저 오르고 나서 경기도가 뒤따라 오른 것이다. 그러므로 서울을 놓쳤다면 경기도의 조건을 살펴보고 투자해도 충분했다. 인천광역시의 대세 상승 시기는 경기도보다 1~2년 늦었다. 당연한 이야기겠지만, 수도권은 입지에 따라 시간차만 있을 뿐 대세 상승장을 같이 맞이하였다.

1번 조건만 보고 인천광역시에 2014년 3분기에 투자했다고 해보자. 물론, 추후에 상승했지만 6년 이상 긴 시간을 기다려야 했다. 이러한 현상이 발생하기 때문에 필자는 1번 조건과 2번 조건이 모두 충족될 때 투자한다. 이렇게 확률이 높을 때 투자해야 회전이 빠르고, 금방 다가올 대세 상승장

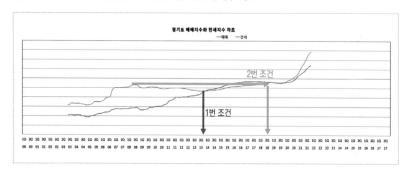

그림 2-162 KB부동산 경기도 매매지수와 전세지수 차트

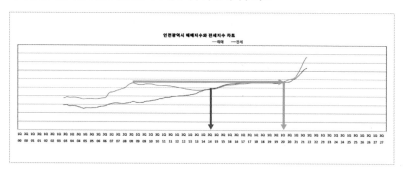

그림 2-163 KB부동산 인천광역시 매매지수와 전세지수 차트

을 잘 맞이할 수 있다. 별거 아닐 만큼 간단한 법칙이지만, 그 의미를 제대로 깨달으면 유레카를 외칠 수 있을 것이다. 이 법칙은 수도권만 통할까? 지방으로도 내려가보자.

3 | 경상남도 창원시

지방으로 내려왔다. 1번 조건에서 주의해야 할 것은 상승하면서 만난다

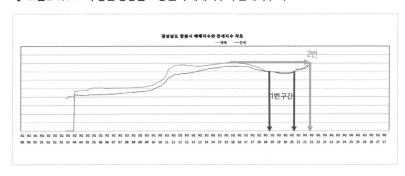

그림 2-164 KB부동산 경상남도 창원시 매매지수와 전세지수 차트

는 조건이다. **"전세지수가 매매지수와 같거나 넘어설 때까지 상승한다"**에서 상승한다는 문구가 중요하다. 위 차트에서 첫 번째 1번 구간 화살표는 매매지수와 전세지수가 모두 하락하면서 만나는 구간이다. 이 시기는 하락기이므로, 그 지역에서 가장 입지가 좋고 비싼 대장 아파트 정도만 쳐다보는 것이 바람직하다. 그다음, 만났던 매매지수와 전세지수가 **상승하기 시작할 때**를 대세 상승기 1번 조건으로 본다. 대세 상승장은 모든 아파트가 오르는 엄청난 상승장을 말한다. 물론, 그 지역의 대장 아파트에 선진입하고 싶다면 첫 번째 1번 구간에서 노려보는 것도 괜찮다. 하지만 그게 아니라면, 1번과 2번 조건이 다 충족되는 순간 상승하는 파도에 올라타자.

경상남도 창원시는 보다시피 1번과 2번 조건이 충족되고 있다. 지금 이 순간에도 전국으로 눈을 돌리면 기회는 어디서든 찾을 수 있다. 수도권이 너무 많이 올라서 부담스럽다면, 상승 사이클이 막 시작된 지역을 찾아보자. 물론 차트에 나오는 매매지수와 전세지수만 보면 안 된다. 앞에서 살펴본 수급 데이터도 같이 살펴봐야 한다. 다만, 처음부터 한꺼번에 보면 헷갈릴 수 있으니 1번 조건과 2번 조건을 만족하는 지역을 먼저 추려낸 다음,

수급 데이터까지 좋은 지역을 골라내면 된다. 수익을 낼 수 있는 확률을 계속 높여가는 것이다. 투자의 세계에서 100%는 없다. 확률을 높일 수 있다면, 가장 높이는 것이 정답이 아닐까?

4 | 전라북도 전주시

◈ 그림 2-165 KB부동산 전라북도 전주시 매매지수와 전세지수 차트

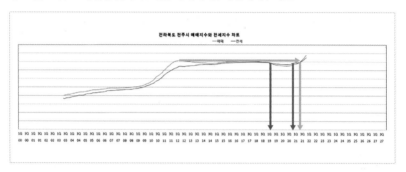

전주시는 오랜 횡보와 하락의 고통을 이겨내고 이번에 전고점을 확실하게 넘기면서 이제 막 상승장이 시작되었다. 이러한 차트를 보면 아름답다는 생각이 든다. 이렇게 전국의 사이클이 조금씩 다르다. 만약에 사이클이 똑같다면, 상승기에는 투자할 수 있지만 하락기에는 쉬어야 한다. 사이클이 지역마다 다른 것에 감사하며 전국 여행하듯이 즐겁게 투자해보자.

5 | 충청북도 청주시, 충청남도 천안시

충청도의 차트도 비슷하다. 그렇다면 이러한 모양의 차트를 지닌 지역

중에서 어떤 지역을 선택해야 할까? 이때 계속 강조했던 수급을 살펴봐야 한다. 결국, 수급이 상승 곡선을 완성할 것이다.

◉ 그림 2-166 KB부동산 충청북도 청주시 매매지수와 전세지수 차트

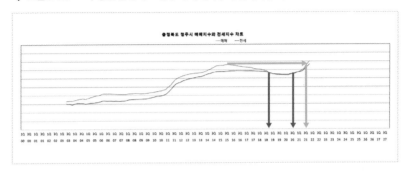

◉ 그림 2-167 KB부동산 충청남도 천안시 매매지수와 전세지수 차트

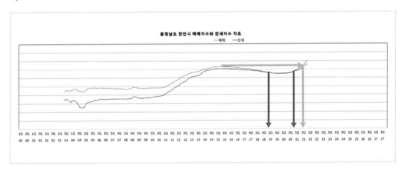

6 | 대전광역시, 대구광역시

경상남도, 전라북도, 충청도가 비슷한 모양이다. 하지만 모든 지방이 이러한 모양은 아니다. 대전광역시는 이미 대세 상승장이 수도권 못지않게 진행

되었고, 대구광역시는 쏟아지는 공급으로 인해 상승 피로감을 느끼고 있다.

대전광역시도 수도권과 비슷하게 1번 조건은 빨리 달성되었다. 하지만 2번 조건이 4~5년 뒤에 형성되었다. 1번 조건과 2번 조건이 달성되고 나서는 여지없이 줄기차게 상승하는 것을 볼 수 있다. 대전은 아직 수급 면에서 더 상승할 여지가 남아 있다. 하지만 앞에서 살펴본 경상남도, 전라북도, 충청도에 비해 많이 상승이 진행된 상태라 부담스러운 것은 사실이다. 실거주 측면에서는 괜찮겠지만, 투자하는 경우에는 더 나은 선택지와 투자처를 고민하고 선택하는 것이 좋다.

🔻 그림 2-168 KB부동산 대전광역시 매매지수와 전세지수 차트

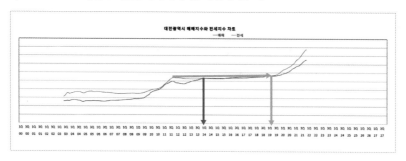

🔻 그림 2-169 KB부동산 대구광역시 매매지수와 전세지수 차트

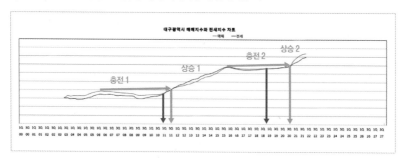

같은 패턴의 사이클이 반복되는 것은 대구광역시에서 볼 수 있다. 대구는 2011년에 오랜 기간 고난을 겪으면서 충전한 뒤, 1번 조건과 2번 조건을 만족하고 대세 상승기를 수년간 누렸다. 그다음 또다시 하락 정체기를 겪고 나서 상승 조건을 충족시키고 또 한 번의 상승기를 누렸다. 대구광역시도 어느 정도 상승한 다음, 현재 한풀 꺾인 것이 차트 모양에서 보인다. 그런데 이게 더 상승할 것인지, 다 상승한 것인지 헷갈린다. 더 확실하게 보기 위해서는 수급을 같이 볼 필요가 있다. 수급을 다시 입혀보자.

◈ 그림 2-170 KB부동산 대구광역시 공급에 따른 매매지수와 전세지수 차트

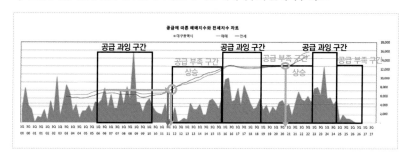

공급 데이터와 같이 보니, 더욱 확연하게 보이지 않는가? 1번과 2번 조건이 모두 충족되고 추가로 공급까지 부족해지면 여지없이 상승했다. 이제 대구광역시의 다음 상승 시기가 보이는가? 지금은 공급 과잉 구간으로 힘든 시간을 보내지만, 다시 공급 부족 구간을 만나면 1번 및 2번 조건이 자연스럽게 충족될 것이며 그 타이밍에 상승할 것이다. 어떤 지역이든 사이클을 이해하면 수익을 낼 수 있다. 여러 지역을 돌아다니면서 상승하는 시기에 투자해서 효율을 높여야 한다. 한 사이클만 잘 타도 충분히 부자가 될 수 있다.

7 | 부산광역시

🔖 그림 2-171 KB부동산 부산광역시 매매지수와 전세지수 차트

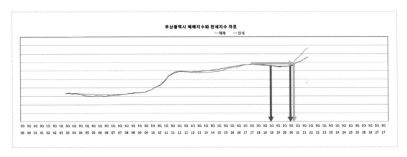

이제 시군구로 들어가는 방법을 살펴보자. 부산광역시를 살펴보면, 1번 조건과 2번 조건을 만족시키고 나서 상승하기 시작했다. 이 데이터는 부산광역시 전체를 평균 낸 것이므로, 분명 더 많이 상승한 곳과 덜 상승한 곳이 있을 것이다. 많이 오른 곳이 부담스럽다면, 앞으로 따라갈 지역을 찾아보는 것도 현명한 방법이다.

역시 해운대구가 부산의 대장 지역답게 부산광역시 전체 평균보다 더 많이 상승했다. 그렇다면 상승이 덜 된 곳이 있을 것이고, 이제 막 시작한

🔖 그림 2-172 KB부동산 부산광역시 해운대구 매매지수와 전세지수 차트

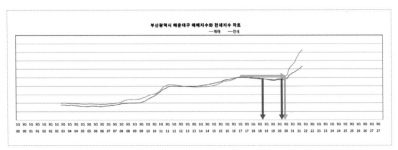

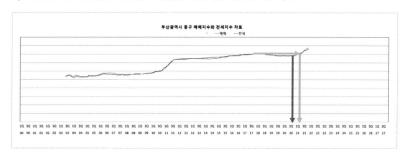

그림 2-173 KB부동산 부산광역시 동구 매매지수와 전세지수 차트

곳이면 더욱 좋을 것이다. 해운대구가 너무 많이 올라서 부담스럽다면, 다음 타자를 선택할 수 있다. 부산광역시 동구는 해운대구에 비하면 이제 막 상승을 시작한 걸음마 단계인 것을 볼 수 있다. 이렇게 같은 지역 내에서도 시군구에 따라 속도 차이가 상당하다. 이러한 시간차를 이용해서도 수익을 낼 수 있다.

다시 한번 강조하고 싶은 것이 있다. 매매지수와 전세지수 차트만 보고 투자를 하면 큰일 날 수 있다는 점이다. 다음의 경상북도 포항시 사례를 분석해보자.

8 | 경상북도 포항시

얼핏 보면 경상북도 포항시는 차트가 예뻐 보인다. 1번 조건과 2번 조건 모두 충족되고 이제 막 상승을 시작한 것처럼 보인다. 하지만 대세 상승장으로 가려면 마지막 관문을 통과해야 한다. 바로 수급이다. 공급 데이터를 추가해보면, 경상북도 포항시는 앞으로 3년간 그리 전망이 밝아 보이지 않

그림 2-174 KB부동산 경상북도 포항시 매매지수와 전세지수 차트

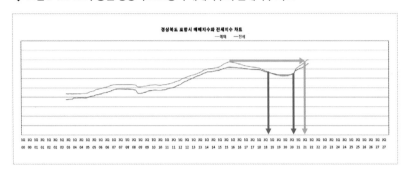

는다. 물론 물량 구간을 다 소화하고 나면 괜찮겠지만, 당장 1~2년 뒤부터 공급 물량이 늘어나는 구간이 나온다. 이러한 이유로 매매지수 및 전세지수 차트와 수급 지표도 같이 봐야 한다.

그림 2-175 KB부동산 경상북도 포항시 매매지수와 전세지수 차트

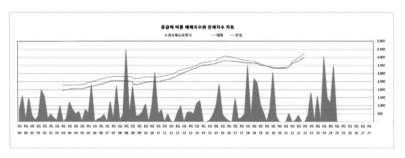

◆ **한 지역의 매매지수가 오를 수 있는 시크릿**

1. 전세지수가 매매지수와 같거나 넘어설 때까지 상승한다.
2. 매매지수가 전고점을 넘어선다.
3. 앞으로 3년, 수요는 늘어나고 공급은 줄어드는 지역이어야 한다.

1번은 전세의 힘, 즉 실수요를 나타낸다.
2번은 전고점을 뚫고 가는 파동 이론, 즉 기술적 분석이다.
3번은 수요와 공급의 법칙에 의한 경제학 이론이다.

경제학 이론, 파동의 기술적 분석, 실수요까지 체크한다면 실패하기 힘들지 않을까?

앞으로 3년, 수급과 매매·전세 차트가
말해주는 미래 투자 유망 지역

　앞으로 3년, 미래 투자 유망 지역은 이미 답이 다 나왔으니, 3번 조건인 수요와 공급으로 먼저 걸러보자. 수요는 인구수 규모가 큰 도시, 중소도시 중에서는 인구수가 늘어나는 지역을 선정한다. 인구수의 증가는 곧 일자리의 증가를 나타내고, 정비 현황이 활발한지를 보여주기 때문이다. 수요가 큰 도시 중에서 앞으로 공급 감소 추세에 있는 지역을 선정한다. 그리고 위에서 살펴본 1번 조건과 2번 조건이 발생한 지역을 살펴보자. 확률 높은 투자 방법의 패턴을 눈으로 익혀 반드시 나만의 것으로 만들어야 한다.

　전고점 돌파, 전세 상승, 공급 감소의 3가지에 집중해서 차트를 보는 연습을 반복해서 해보자. 공급이 다시 늘어나거나, 전세가 힘을 잃게 되면서 조건을 만족시키지 못할 때 수익을 실현하면 된다.

🔘 그림 2-176 KB부동산 경상남도 창원시 공급에 따른 매매지수와 전세지수 차트

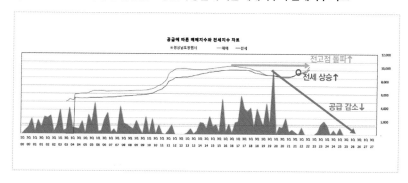

🔘 그림 2-177 KB부동산 전라북도 전주시 공급에 따른 매매지수와 전세지수 차트

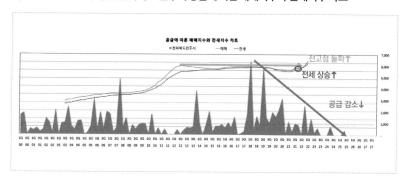

🔘 그림 2-178 KB부동산 충청북도 청주시 공급에 따른 매매지수와 전세지수 차트

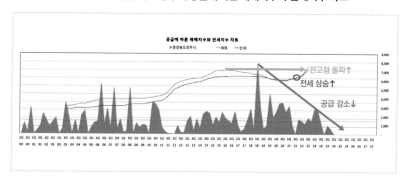

그림 2-179 KB부동산 부산광역시 공급에 따른 매매지수와 전세지수 차트

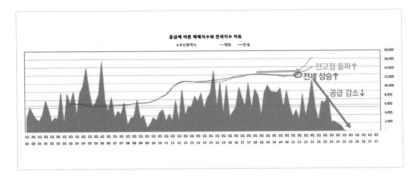

그림 2-180 KB부동산 광주광역시 공급에 따른 매매지수와 전세지수 차트

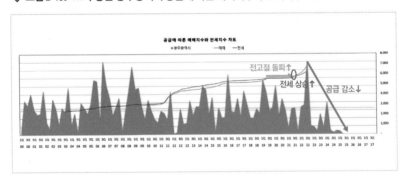

그림 2-181 KB부동산 충청남도 공급에 따른 매매지수와 전세지수 차트

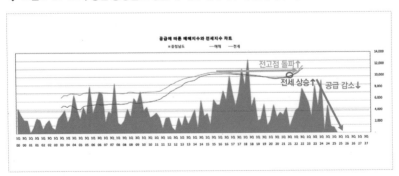

◈ 그림 2-182 KB부동산 서울특별시 공급에 따른 매매지수와 전세지수 차트

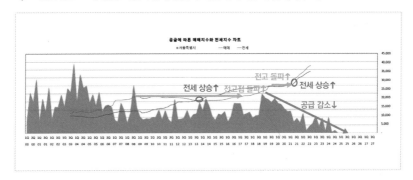

◈ 그림 2-183 KB부동산 경기도 공급에 따른 매매지수와 전세지수 차트

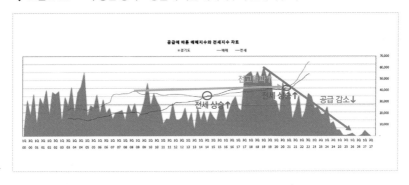

◈ 그림 2-184 KB부동산 인천광역시 공급에 따른 매매지수와 전세지수 차트

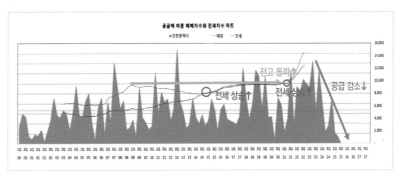

⬇ 그림 2-185 KB부동산 강원도 공급에 따른 매매지수와 전세지수 차트

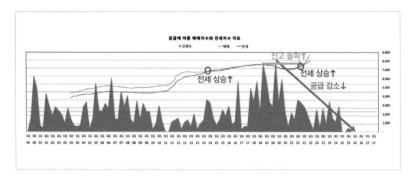

3^장

부동산 투자를 할 때 매수 타이밍은 어떻게 잡을까? 투자 타이밍을 잡는 구체적인 방법을
파헤쳐보자.

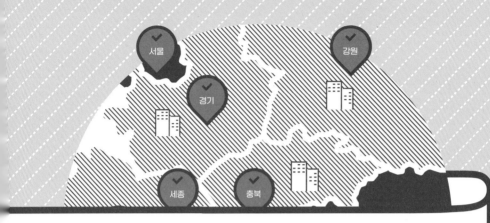

부동산 투자,
매수 타이밍은 어떻게 잡을까?

심리와 거래량으로 보는
투자 타이밍

금융 자산이든 부동산 자산이든, 투자 심리는 거래량으로 나타난다. 투자 심리가 엄청나게 늘어나 매수자가 많아지면 거래량이 늘어나기 때문이다. 반대 경우에도 거래량이 늘어날 수 있지만, 매도자가 많아지면 대개 매수세가 떨어지기 때문에 거래가 체결되지 않는다. 이러한 인간의 심리를 거래량으로 볼 수 있고, 이 거래량은 KB부동산에서 매수우위지수로 나타난다. 매수우위지수와 매도우위지수를 보고, 매수세가 우위인지 매도세가 우위인지 판단할 수 있다. 필자는 매수우위지수의 턴어라운드 상승을 보고 구체적인 투자 타이밍을 잡는다.

추세 추종 vs. 가치투자?
내 전략에 따른 선택

본격적으로 매수우위지수를 살펴보기에 앞서, 투자 타이밍을 선택하는데도 두 가지 방법이 있다. 어떤 것이 맞거나 틀린 것이 아니다. 각자의 전략에 따라 자신에게 맞는 방법을 활용하면 된다. 매매지수가 오를 수 있는조건 3가지를 갖춘 지역을 찾았다면, 단기간의 분위기나 거래량과는 무관하게 소신을 갖고 투자하면 된다. 그러면 때가 되면 오른다. 그것을 필자는가치투자 두더지 잡기 기법이라고 말한다. 철저하게 분석한 지역에 두더지를 여러 마리 심어놓고, 한 마리씩 올라오면 차근차근 익절하면 된다. 어떤지역이 먼저 올라올지 모르니, 마음 편하게 기다리고 있다가 먼저 올라오는 지역을 수익 실현하면 된다. 그러려면 수많은 경험과 노력을 통해 확신을 가져야 한다.

두 번째 방법은 다가오는 추세에 몸을 맡기고 서핑하듯 파도를 타는 것이다. 즉, 매수 분위기가 올라올 때 편승하는 방법이다. 분석한 결과 평소 좋게 생각하던 지역에 때마침 매수자들이 몰리면서 급등하려고 할 때, 타이밍에 맞춰 들어가 빠르게 수익을 낼 수 있는 효율 높은 방법이다. 두 가지 다 일장일단이 있다. 가치투자 방법은 남들이 몰리지 않을 때 미리 투자함으로써 여유롭게 급매를 잡아 천천히 투자할 수 있다. 분석 능력이 뛰어나다면 기다린 만큼 수익도 클 것이다. 추세 추종 방법은 사람들이 몰릴 때 재빠르게 들어가는 방법이라 급매를 잡기는 힘들다. 하지만 짧은 기간에 사자마자 오르는 힘을 느낄 수 있고 투자금 순환이 잘된다.

둘 중에 자신에게 맞는 스타일이 있을 것이다. 판단력과 행동이 빠르다면, 추세 추종도 괜찮다. 특히, 법인으로 단타를 노리는 투자자들이 많이 활용한다. 여유롭게 투자하는 것을 좋아한다면, 가치투자 방법이 맞을 것이다. 하지만 오랜 기간 기다려야 할 수도 있다. 물론, 성공한다면 보상은 더욱 크게 돌아올 것이다.

필자는 두 가지 방법을 모두 활용한다. 장기적으로 좋은 지역은 2장에서 살펴본 3가지 조건에 맞는지 판단하고 가치투자를 한다. 수요가 조금 딸리는 지역의 경우, 돈의 힘이 몰릴 때 추세 추종 방법을 활용하여 짧게 치고 나올 수도 있다. 본인의 성향에 맞게, 또 지역별로 전략을 잘 짜서 여러 방법을 활용해보자. 이제 추세 추종의 시크릿, 매수우위지수를 살펴보자.

매수우위지수

1 | 전국

　전국의 매수우위지수를 장기 시계열로 보면 오르고 내리는 굴곡이 있지만, 실물자산인 아파트값, 땅값은 우상향한다. 떨어질 때도 있지만 결국에는 우상향하면서 오른다는 말이다. 아파트 가격이 너무 비싸서 떨어지면 사겠다는 사람들은 이러한 객관적인 지표를 보면 바닥을 잡기가 수월할 것이다. 아파트 가격만 보고 떨어지면 사겠다고 마음먹으면 바닥을 잡기 힘들다. 원하는 가격까지는 항상 오지 않기 때문이다. 그래서 과거부터 현재까지 장기 시계열의 데이터를 분석해야 한다. 바닥 가격을 자신이 예측하지 말고, 시장이 매도세 우위에서 매수세 우위로 분위기가 바뀔 때만 투자해도 큰 가격 상승을 누릴 수 있다.

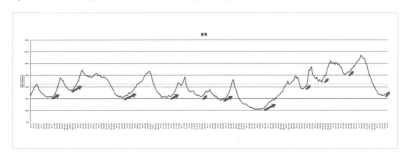

위 차트처럼 현재 전국의 매수우위지수는 내려가다가 대선이 끝나면서 관망세로 턴어라운드하는 움직임이 포착되었다. 그렇다면 투자는 언제 해야 할까? 화살표처럼 매수우위지수가 턴어라운드될 때다. 매도세 우위에서 매수세 우위로 바뀌는 초입에 투자하면 된다는 말이다. 부동산 사이클은 몇 년씩 걸리기 때문에 방향성이 바뀐 후 투자해도 충분히 수익을 낼 수 있다. 지금은 매수우위지수가 내려와 있으니 급매도 종종 보이고, 좋은 물건도 괜찮은 가격에 구할 수 있다. 이럴 때 눈여겨보았다가, 이 매수우위지수가 턴어라운드되는 조짐이 보일 때 적극적으로 원하는 물건을 노려보자. 물극필반이라고 하듯, 사물의 전개가 극에 달하면 반드시 반전한다. 즉, 내려가면 올라가기도 한다. 하락이 있으면 그다음엔 상승이 기다린다. 그 전환점을 노리는 것이 매수우위지수를 활용한 타이밍 투자 방법이다.

2 | 서울

지역별로 범위를 좁혀서 서울을 먼저 살펴보자. 2022년 상반기에 대선

그림 3-2 KB부동산 서울 매수우위지수 장기 시계열

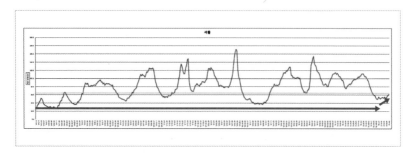

이 끝나고 눌려 있던 매수우위지수가 조금씩 꼬리를 들기 시작하는 것이 보인다. 불확실성이 제거되면서 기대심리가 조금씩 살아나고 있다. 서울의 매수우위지수는 장기 시계열로 보아도 거의 바닥이었다. 아직 조금 더 내려갈 공간은 있지만, 본격적으로 턴어라운드된다면 분위기는 금방 살아날 것이다. 필자는 상승과 하락을 예측하지 않는다. 빅데이터 차트를 보고 대응할 뿐이다. 예측하려고 하지 말자. 데이터만 잘 분석하고 조금 늦게 큰 추세에 따라가더라도 충분히 수확할 수 있다.

3 | 강북

그림 3-3 KB부동산 강북 매수우위지수 장기 시계열

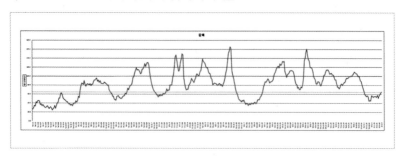

강북도 서울과 비슷하지만, 매수우위지수의 반등이 조금 더 돋보인다. 과연 이 반등이 추세로 이어질지 잘 살펴보자.

4 | 강남

그림 3-4 KB부동산 강남 매수우위지수 장기 시계열

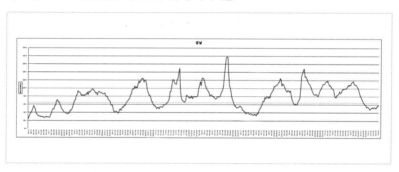

당연한 이야기지만, 강남도 강북, 서울과 비슷한 모양을 보인다. 아직 강남이 완벽하게 턴어라운드한 것은 아니지만, 방향성을 천천히 돌리는 모습을 볼 수 있다. 시중에 자주 보이는 상승론자나 하락론자는 관심을 끌어 유튜브 조회수를 높이려는 등 다른 목적을 가지고 있을 가능성이 크다. 이 세상에 모든 시장을 맞힐 수 있는 사람은 없으므로, 오른다고 해서 오르고 떨어진다고 해서 떨어지는 것이 아니다. 가격은 시장이 정하는 것이다. 그저 빅데이터를 연구해서 알맞게 대응해나가야 한다. 그것이 진정 현명한 부동산 투자자다.

5 | 경기도

그림 3-5 KB부동산 경기도 매수우위지수 장기 시계열

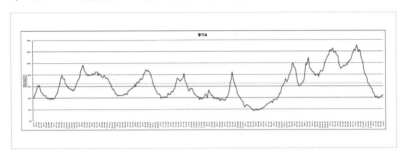

경기도는 역시 서울보다 한발 느리다. 경기도의 매수우위지수는 급격한 하락을 보이며 냉각된 분위기를 보이다가 꼬리를 들었다. 서울이 턴어라운드를 하고 있으니, 경기도도 서울에 뒤따라 갈 것이다. 수도권에서는 서울, 경기도, 인천의 순으로 움직인다. 잘 살펴보자.

6 | 인천광역시

인천광역시는 서울, 경기 다음의 순서로 분위기를 따라간다. 매수우위지수가 급감하면서 분위기가 좋지 않으나 매수우위지수 20은 장기 시계열 동안 있었던 저점이다. 저점에 거의 다 왔고 서울이 꼬리를 들고 있으니, 경기도와 인천에서도 기회가 다시 한번 기회가 있을 것이다. 서울을 놓쳤다면 경기도를 투자하여 큰 수익을 얻을 수 있었고, 경기도도 놓쳤다면 그 뒤를 따라가는 인천에 투자해도 된다. 기회를 놓쳐도, 기회는 반드시 다시 온다. 항상 지나가는 기회를 잡을 수 있도록 연구하고 또 공부하자! 대박이 아니라 중박만 몇 번 성공해도 인생은 바뀐다. 빅데이터 차트를 잘 연구해서, 터닝포인트를 반드시 잡아내자!

⬇ **그림 3-6 KB부동산 인천광역시 매수우위지수 장기 시계열**

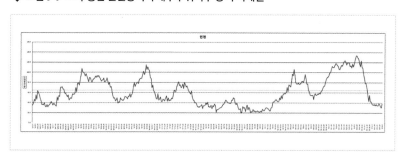

7 | 기타 지방

지방도 매수우위지수가 떨어지긴 했지만, 오히려 상승 추세 중에 평균선 근처에서 지지받고 있는 모습이 보이지 않는가? 수도권은 유동성과 경

⬇ **그림 3-7 KB부동산 기타 지방 매수우위지수 장기 시계열**

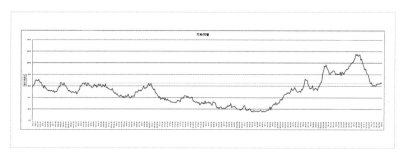

제 상황에 민감하지만, 지방은 수급에 더욱 큰 영향을 미친다. 공급이 많은 지방도 있지만 대개는 부족하므로, 타이밍을 잘 잡아서 투자한다면 지방에서도 큰 기회가 많이 있을 것이다.

8 | 충청북도

◈ 그림 3-8 KB부동산 충청북도 매수우위지수 장기 시계열

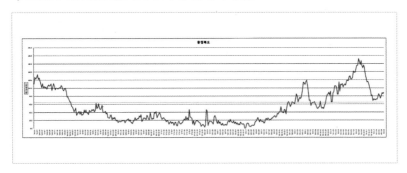

충청북도는 기타 지방 차트와 비슷한 모양이다. 충북에는 청주시가 있는데, 온도 차이가 커서 상승할 때는 무섭게 상승하고 식을 때는 금세 식는다. 투자자들이 몰리는 데 영향을 받는데, 결국 큰 추세는 수급에 의해 결정된다. 수급 면에서 올라갈 지역이라면, 모두가 몰려서 미친 듯이 올라갈 때가 아니라 눌림목 자리를 노리는 것도 나쁘지 않아 보인다. 수급을 볼 줄 안다면 미래를 보고 공포장에 과감하게 투자할 수 있지만, 잘 모르고 남이 하는 대로 따라서 투자했다면 이럴 때 무서워서 제값을 받지 못하고 팔고 만다. 결국 본인이 공부하고 연구해서 큰 추세를 파악할 수 있어야 한다.

9 | 충청남도

◉ 그림 3-9 KB부동산 충청남도 매수우위지수 장기 시계열

충청남도 역시 비슷한 추세인데, 오랫동안 저점을 다지고 상승 추세로 전환하여 진행하던 도중에 조정하는 과정으로 보인다. 평균선에서 지지를 받고 올라간다면 2차 상승기를 맞이할 수 있을 것이다. 물론 향후 1~2년간은 공급이 있지만, 충청남도에는 일자리가 풍부한 천안시와 아산시가 있으니 앞으로도 기회가 많다. 항상 모니터링해서 기회가 온다면 잘 잡아보자.

10 | 전라북도

전라북도는 다른 지방 도시에 비해 1차 상승을 약간 늦게 시작했다. 다 상승하지 못한 채 전국적인 분위기상 매수우위지수가 조정받은 모습인데, 다른 지방 도시보다 평균선에서 반등이 빠르다. 아직 덜 오른 도시이기에, 분위기가 전환된다면 가장 먼저 반응이 올 도시로 보인다. 잘 지켜보자.

그림 3-10 KB부동산 전라북도 매수우위지수 장기 시계열

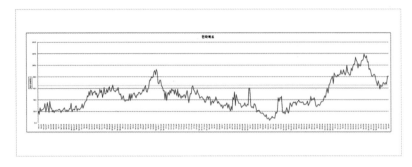

11 | 전라남도

그림 3-11 KB부동산 전라남도 매수우위지수 장기 시계열

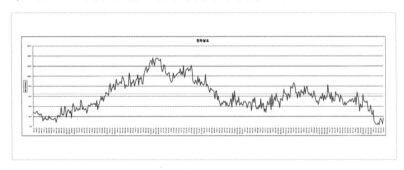

전라남도는 앞에서 살펴본 다른 도시에 비해 매수우위지수가 그렇게 좋지 못하다. 앞에서 본 타 지방 도시들은 상승 추세 속에 조정되고 있는데, 전라남도는 장기간 매수우위지수가 살아나고 있지 못하다. 특히 지방의 경우에는 매수우위지수가 상승 추세로 돌아서면 투자하는 것이 안전하고 시간을 아끼는 방법이다.

12 | 경상북도

그림 3-12 KB부동산 경상북도 매수우위지수 장기 시계열

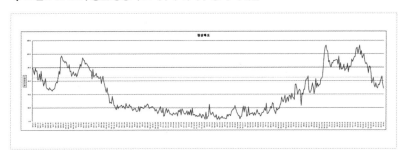

경상북도는 크게 상승한 이후 방향성이 꺾인 모습을 보인다. 상방으로 방향을 트는 지역들이 있는가 하면 다시 꺾여서 내려가는 지역도 보이는데, 수급의 영향이 크다. 주의해서 살펴봐야 한다.

13 | 경상남도

오랫동안 바닥을 다지고 큰 상승 추세를 맞이했다. 경상남도는 수급도 좋아서, 이번 조정이 실거주자나 투자자에게 큰 기회가 될 것이다.

그림 3-13 KB부동산 경상남도 매수우위지수 장기 시계열

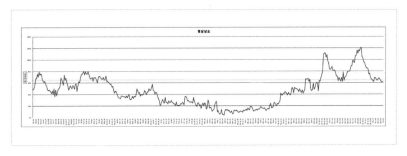

14 | 강원도

그림 3-14 KB부동산 강원도 매수우위지수 장기 시계열

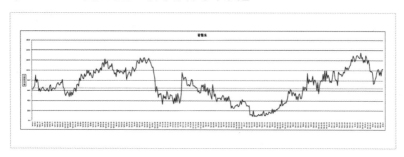

강원도는 큰 상승 추세 속에 작은 조정, 그리고 다시 추세를 살리는 모습을 보여주고 있다.

15 | 제주시

그림 3-15 KB부동산 제주시 매수우위지수 장기 시계열

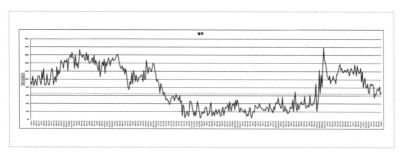

제주시는 외지인의 투자 영향으로 급락하기도 하고, 급등하기도 한다. 참고하자.

16 | 부산광역시

📍 **그림 3-16 KB부동산 부산광역시 매수우위지수 장기 시계열**

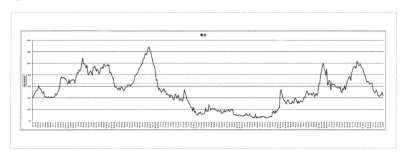

이번엔 광역시를 살펴보자. 부산의 매수우위지수는 상승 추세를 타다가 현재 뚝 떨어진 상태다. 매수세 분위기가 좋지 않으나, 최악의 국면은 아니다. 평균선을 회복하고 과연 턴어라운드하는지 잘 살펴봐야겠다.

17 | 대구광역시

대구광역시는 현재 수급이 좋지 않은 지역인 만큼 전국에서 가장 매수 심리가 좋지 않은 것으로 보인다. 매수우위지수는 바닥 수준까지 내려와 있다. 어디까지 내려갈지는 모르겠지만, 과거 데이터상 거의 다 온 것으로 보인다. 하지만 바닥을 확신하고 들어가면 몇 년간 고생하고 기회비용을 놓칠 수 있다. 매수우위지수가 바닥을 다지고 턴어라운드하는 것을 확인한 후 상승 추세에 올라타도 늦지 않다. 바닥을 예측하지 말고, 꼭 확인하고 투자하자.

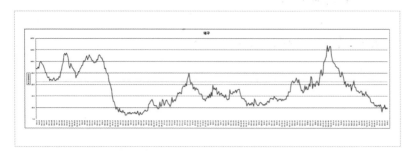

그림 3-17 KB부동산 대구광역시 매수우위지수 장기 시계열

18 | 광주광역시

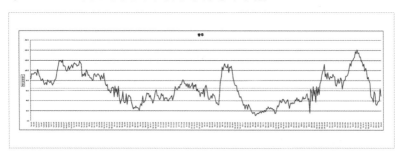

그림 3-18 KB부동산 광주광역시 매수우위지수 장기 시계열

광주광역시도 차트를 보면 제주시와 비슷하게 급등하거나 급락하는 특성이 있다. 변화율이 큰 게 특징인데 외지 투자자들의 영향을 받는 것 같다. 과거 데이터를 보면, 바닥에서 추세가 전환되어 들어갔어도 충분히 오랜 기간 상승했다. 이러한 지역들은 특히 턴어라운드 추세 전환을 확인하고 들어가야 한다. 수급도 보고 매수우위지수도 확인하면, 확률 높은 투자가 될 수 있을 것이다.

19 | 대전광역시

대전광역시의 매수우위지수도 현재 분위기는 좋지 않다. 한동안 길고 큰 상승에 피로감을 느낀 듯 쉬고 있는 모습이다. 다시 추세 전환을 하고 평균선을 회복할 때까지는 지켜보자.

📍 **그림 3-19 KB부동산 대전광역시 매수우위지수 장기 시계열**

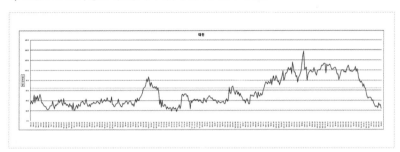

20 | 세종특별자치시

📍 **그림 3-20 KB부동산 세종시 매수우위지수 장기 시계열**

세종시는 대전광역시와 같이 움직이는 경향이 있는데, 바로 옆에 붙어

있는 지역이다 보니 그럴 확률이 크다. 대전이 먼저 상승하고 세종이 조금 뒤에 상승한다든지 시간차는 조금 있지만, 이제는 같은 지역이라고 봐도 될 정도로 같이 움직인다. 세종도 대전과 같이 현재 매수우위지수가 많이 내려간 상태다. 일전에 급격한 상승으로 피로감을 달래며 진정하고 있는 것으로 보인다. 바닥을 다지고 나서 다시 상승 추세로 전환할지 잘 살펴보자.

21 | 울산광역시

📍 **그림 3-21 KB부동산 울산광역시 매수우위지수 장기 시계열**

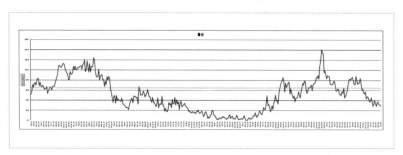

울산광역시도 현재 그렇게 좋은 상황은 아니다. 하지만 아직 매수우위지수가 바닥을 다지고 2차 상승을 할 수 있을지 잘 지켜본다면, 반드시 기회는 또 찾아올 것이다. 이러한 기회를 잡기 위해 KB부동산 매수우위지수를 한 달에 한 번 관찰해보자. KB부동산 매수우위지수를 찾는 방법은 에필로그에 있다.

여태까지 살펴본 매수우위지수 차트에 추세선을 추가하여서 다시 살펴볼 수 있다. 주식 차트를 볼 때도, HTS_{Home Trading System}나 MTS_{Mobile Trading System}
에서 이동평균선을 보조 지표로 그려준다. 매수우위지수도 이러한 이동평
균선을 보조 지표로 그릴 수 있다. 필자는 1년 단위인 52주 이동평균선을
신뢰한다. 예를 들어 강원도의 매수우위지수에 이동평균선을 빨간색으로
추가하면 아래와 같다.

📍 **그림 3-22 KB부동산 강원도 매수우위지수 장기 시계열**

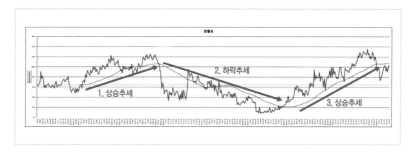

매수우위지수 장기 시계열 차트에 이동평균선을 추세선으로 추가하니,
좀 더 추세가 명확하게 보인다. 1번 상승 추세가 있고 나서 2번 하락 추세
가 있었고, 현재 3번 구간인 상승 추세에 있다. 물론 하락 추세로 다시 전환
할 수도 있지만, 아직은 상승 추세 속 조정으로 보인다. 2022년의 분위기
를 어떻게 이어갈지 흥미롭게 지켜보자.

 :: **제이크의 One Point Lesson**

부동산의 매수·매도 타이밍을 잡을 때, 중요하게 볼 수 있는 지표가 KB부동산 매수우
위지수다. 이 지표에 사람의 심리와 부동산 거래량이 다 담겨 있기 때문이다. 매수우
위지수를 면밀하게 관찰하고 연구하여 확률 높은 투자, 수익 내는 투자를 하자!

4^장

유망 지역을 선정하고 매수 타이밍도 알겠는데, 매도는 도대체 언제 해야 할까? 무릎에서
사서 어깨에서 팔라는데, 어깨를 지나 목이 참 긴 느낌이다. 어떻게 해야 할까?

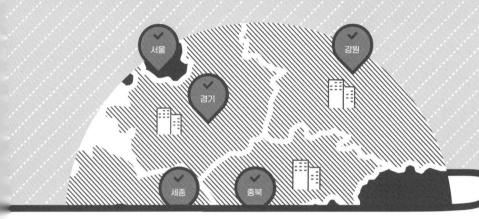

부동산 투자,
매도 타이밍은 어떻게 잡을까?

전세지수 대비 매매지수의 과도한 상승을 잡아내라

우리나라의 주택 시장은 전세지수가 굉장히 중요하다. 해외 시장은 전세가 없기 때문에 월세를 기준으로 주택의 매매가가 영향을 받지만, 우리나라는 전세 시장이 주력이다. 그래서 이러한 실질적 수요를 대표하는 전세지수를 잘 분석해야 한다.

내가 매수한 투자처가 충분히 상승했는지 어떻게 판단할 수 있을까? 매우 어려운 작업이므로, "매수는 기술, 매도는 예술"이라는 말이 나온 것이다. 이 또한 빅데이터 차트로 나타낼 수 있다. 매매가 오르는 시크릿에서도 1번으로 나오는 조건은 전세의 힘이다. 매매가가 크게 올랐는데 전세의 힘이 꺾인다면, 조만간 상승에 부침이 있을 것을 예견한다. 물론, 미래에 생길 공급 물량도 같이 봐야 한다. 우선 전세의 힘을 차트로 보는 연습을 먼저 해보자. 이는《저평가된 알짜 아파트 한 채》에서 언급한 '상승 에너지'에 해당한다.

이를 좀 더 이해하기 쉽게 '상승 여력' 차트라고 할 수 있겠다. 즉, 상승 여력 차트는 이 지역이 앞으로 얼마만큼 상승할 여력이 남아 있는지를 나타낸다. 상승 에너지처럼 전세지수가 높을수록 좋은 것이고, 매매지수가 덜 상승했을수록 좋은 것이다. 여기서 매매지수가 전세지수를 뛰어넘어서 너무 많이 상승해버리면, 이 상승 여력은 줄어들게 된다. 상승 여력이 거의 다 떨어졌을 때가 매도 타이밍이다. 전세 대비 매매가 과도하게 상승해서 더 이상 상승할 수 있는 여력이 많지 않기 때문이다.

상승 여력=(전세지수−매매지수)×100

상승 여력 차트

이러한 상승 여력도 과거부터 현재까지 빅데이터 장기 시계열로 차트화하면 얼마만큼 상승할 수 있을지 대략 가늠해볼 수 있다. 물론 절대적으로 맞는 내용은 아니지만, 시간이 지날수록, 데이터가 쌓일수록, 추정치의 신뢰도는 높아질 것이다. 혹자는 굳이 복잡하게 상승 여력 차트를 만들 이유가 있는지 물어본다. 단순히 아파트의 매매가, 즉 그 지역의 매매지수가 꺾이면 매도하면 되지 않을까 생각하는 것이다. 금융시장에서는 그 방법이 통하지만, 부동산은 특성상 분위기가 꺾이면 매도하고 싶어도 매도할 수 없다. 주식과 코인은 버튼을 누르면 바로 팔리지만, 부동산은 반드시 적극적인 매수자가 있어야 팔린다. "부동산에 개미 새끼 한 마리도 보이지 않는다"거나, "집 보러 오는 사람이 한 명도 없다"는 말이 나오면 이미 분위기가 꺾여서 매도 타이밍을 놓쳐버릴 수 있다.

상승 여력 차트는 전세지수에 기반하기 때문에, 매매지수보다 한발 앞설 수 있다. 단순히 전세지수가 꺾이는 것뿐만 아니라, 매매지수의 상승률에 비해 전세지수의 상승률이 더뎌지면 바로 눈치챌 수 있다. 즉, 매매가가 올라가는 속도보다 전세가가 올라가는 속도가 떨어지면 상승 여력 차트는 내려간다. 이 차트 또한 전고점과 전저점이 있어서 기술적으로 분석해볼 수 있다.

1 | 강원도 원주시

◉ 그림 4-1 강원도 원주시 상승 여력 차트

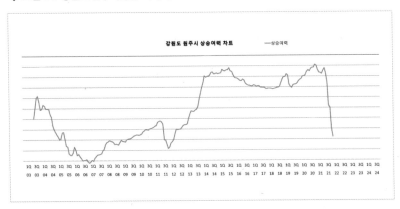

강원도의 상승 여력은 사실 많이 내려왔다. 지역을 좀 더 구체적으로 살펴보기 위해, 강원도에서 가장 큰 도시인 원주시를 보면 상승 여력이 전저점을 향해 빠르게 내려가고 있다. 아직 상승 여력의 1차 전저점인 2011년

3분기와 2차 전저점인 2006년 4분기만큼 내려오진 않았지만 급격한 상승으로 인해 반 이상 상승 에너지를 쓴 모습이다. 이러한 모습이 보일 때부터는 이제 매도 전략을 생각해봐야 한다. 물론 앞으로 3년 강원도 원주시 공급 물량이 별로 없어서 당장 급하지는 않지만, 매매가의 급등으로 상승 여력이 떨어지는 속도가 매우 빠르다.

2 | 경기도

경기도도 상승장이 진행 중이다. 과거의 전고점과 전저점으로 보았을 때, 60~70% 상승장이 진행된 것으로 보이며, 앞으로 30~40% 정도 상승 여력이 남아 있다. 물론 경기도도 앞으로 3년간은 공급 물량이 적어서 3기 신도시 입주 전에 마지막 상승 불꽃을 보여줄 가능성이 크다.

◉ 그림 4-2 경기도 상승 여력 차트

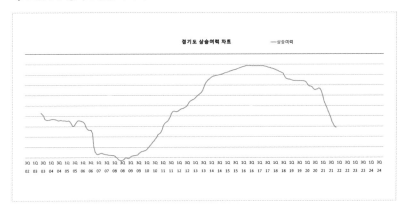

3 | 경상남도

경상남도는 앞에서도 모든 조건이 좋았다. 그런데 상승 여력까지 아직 많이 남아 있다. 아직 많이 안 올랐다는 이야기다. 모든 지표가 그린 라이트를 보낼 때 투자하면, 성공 확률이 매우 높을 것이다.

◉ 그림 4-3 경상남도 상승 여력 차트

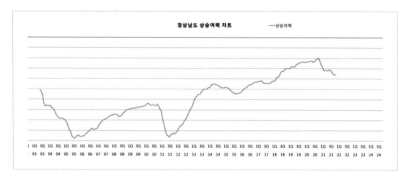

4 | 경상북도

◉ 그림 4-4 경상북도 상승 여력 차트

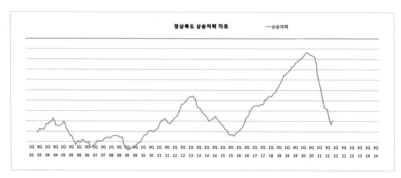

같은 경상도여도 경상북도는 경상남도에 비해 상승 여력이 많이 남지 않았다. 매 사이클마다 다르지만, 상승 여력 차트에서는 경상북도보다는 경상남도가 상승 여력이 더 크다.

5 | 대구광역시

큰 상승 후 많은 공급 물량을 만나면서 힘들어하고 있는 대구광역시는 실제로 상승 여력이 많이 떨어진 상태였다. 이 차트와 공급 물량을 보고 미리 수익을 실현했더라면 하락장을 피할 수 있었다. 매매가가 조정되면서 다시 상승 여력이 조금씩 올라가고 있다. 매매가가 조정되고 전세가가 올라가면, 대구광역시의 상승 여력은 더 크게 올라갈 것이다. 상승 여력이 전고점에 다가왔을 때, 다시금 대구광역시에 기회가 찾아올 것이다. 물론 시간이 필요하다. 공급 물량과 상승 여력 차트를 모니터링하면서 추후 다가올 기회를 맞이해보자.

◉ **그림 4-5 대구광역시 상승 여력 차트**

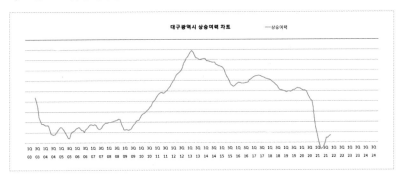

6 | 대전광역시

대전광역시가 공급 물량이 별로 없는데도 힘을 못 쓰는 이유는 그동안 너무 많이 상승했기 때문이다. 매매가가 전세가에 비해 더 크게 상승했기 때문에, 상승 여력이 최저점까지 왔다.

◉ 그림 4-6 대전광역시 상승 여력 차트

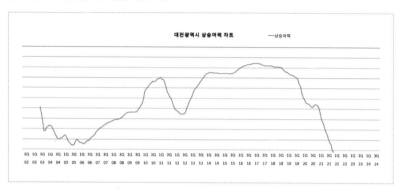

7 | 서울특별시

서울특별시는 경기도와 비슷한 흐름을 보인다. 덩치가 가장 크기 때문에 상승장도 매우 길게 진행 중이다. 많이 상승했지만 아직 상승 여력이 꽤 남아 있다. 필자는 상승 여력이 전저점에 갈 때까지는 서울의 주택을 팔 생각이 없다. 무조건 안 판다는 게 아니라, 객관적인 지표가 말해줄 때까지 기다리겠다는 것이다. 부동산은 감정적으로 해서는 안 되고, 객관적인 빅데이터를 통해 세심하게 판단해야 한다.

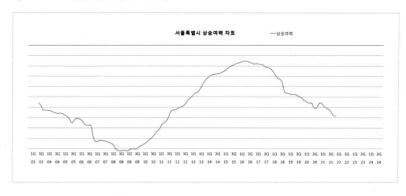

8 | 인천광역시

인천광역시도 서울, 경기도와 비슷한 흐름을 보이지만, 성격이 급해 보인다. 상승 여력은 서울, 경기도와 비슷하게 남아 있다. 결국 수도권은 같이 갈 것이다.

◎ 그림 4-8 인천광역시 상승 여력 차트

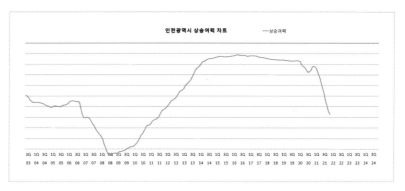

9 | 충청남도

그림 4-9 충청남도 상승 여력 차트

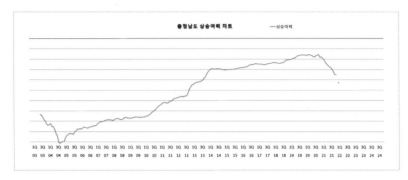

그림 4-10 충청남도 아산시 상승 여력 차트

그림 4-11 충청남도 천안시 상승 여력 차트

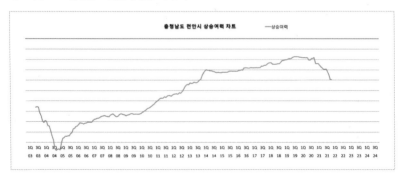

충청남도는 경상남도와 차트 모양이 비슷하다. 아직 전체적으로 대세 상승장이 덜 온 지역이다. 상승하려고 하면 규제 지역으로 지정되거나, 적응하고 또 상승하려고 하면 탕정지구 공급 물량으로 힘들어하는 지역이다. 하지만 아직 상승 여력이 많이 남아 있으니 현재 지나가고 있는 공급 구간 (1~2년)만 지나면 개 집도 오를 만큼 대세 상승장으로 유력한 지역이다. 천안시와 아산시는 인구수도 증가하고 일자리도 풍부하다. 공급 물량이 해소되고 인프라가 갖춰지면 어떻게 될지 상상해보자. 또 천안역에 GTX까지 생기면 수도권의 확장 개념으로 될 수 있는 호재도 있다. 당분간은 소화해야 할 물량 때문에 힘들겠지만, 조만간 기회가 반드시 찾아올 지역이니 눈여겨보자.

10 | 충청북도 청주시

충청북도 청주시는 천안시보다는 상승이 많이 진행되었다. 하지만 아직도 반이나 상승 여력이 남아 있다. 청주시 내에서도 샅샅이 찾아보면 아직

◈ **그림 4-12 충청북도 청주시 상승 여력 차트**

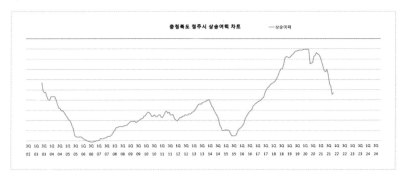

도 저평가된 주택들이 많이 보인다. 아직 반이나 상승 여력이 남아 있다는 마인드로 접근해서 수익을 내는 것이 좋다.

11 | 전라북도 전주시

전라북도 전주시도 청주시와 비슷한 차트 모습을 보인다. 아직 반 이상 상승 여력이 남아 있으므로, 수급 데이터만 좋다면 투자를 고려해볼 만하다.

📍 **그림 4-13 전라북도 전주시 상승 여력 차트**

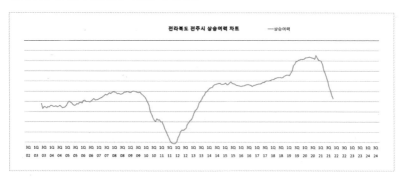

12 | 공급과 같이 보는 상승 여력 차트 분석

앞에서는 상승 여력 차트만 일부러 집중해서 살펴보았다. 이제는 공급까지 같이 보면서, 매도를 해야 할 것인지 판단해보자. 매도 타이밍을 잡는 것은 굉장히 어렵기 때문에 많은 데이터를 두루 살펴볼 줄 알아야 한다. 먼저 강원도는 앞으로 3년간 공급 물량이 많지는 않지만, 단기간 급등으로 인해 상승 여력이 많이 남지는 않았다. 그렇다고 떨어진다는 것은 아니지만, 앞으로 3년 동안 수익을 실현하기 좋은 매도 타이밍에 와 있다. 세금 등 본인의 전략에 맞게 매도 타이밍을 잡아보자.

◈ 그림 4-14 강원도 공급 및 상승 여력 차트

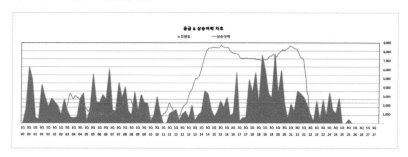

경기도는 앞으로 3년간 지속적인 공급 감소로 남아 있는 상승 여력을 전부 써버릴 것으로 보인다. 앞으로 3년간 이번 상승장의 마지막 불꽃을 태울 것이다. 서울과 인천광역시도 수도권과 같이 움직여서, 상승 여력을 다써서 전저점에 갈 때까지 상승할 것이다.

◈ 그림 4-15 경기도 공급 및 상승 여력 차트

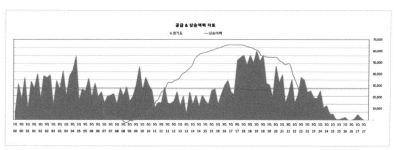

◈ 그림 4-16 서울특별시 공급 및 상승 여력 차트

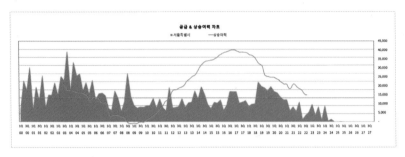

◈ 그림 4-17 인천광역시 공급 및 상승 여력 차트

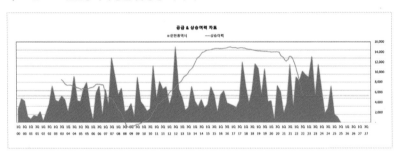

◈ 그림 4-18 경상남도 공급 및 상승 여력 차트

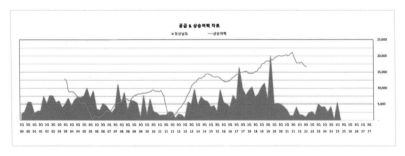

경상남도는 상승 여력도 많이 남아 있는데, 앞으로 3년간 공급마저 부족
하다. 매매가의 상승 조건마저 갖추면서 많은 지표가 그린 라이트를 보이

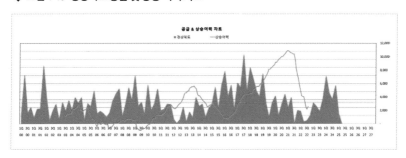

고 있다.

경상북도는 경상남도와 사뭇 다르다. 상승 여력을 거의 다 썼다는 것은, 그만큼 많이 상승했다는 것이다. 상승 여력이 많이 남아 있지 않은데, 앞으로 3년간 꽤 많은 공급 물량이 기다리고 있다. 이런 타이밍이 매도 타이밍이다. 충분히 상승해서 상승 여력을 다 썼고, 곧 공급 물량이 증가 추세가 보일 때 매도해야 한다. 이렇게 전국의 사이클이 다르다. 이제 전국이 다 오르는 시기는 지났다. 각 지역별로 사이클을 제대로 파악하고 대응하자.

대구광역시의 매도 타이밍은 지났고, 이미 공급이 증가하는 구간에 들

◈ 그림 4-20 대구광역시 공급 및 상승 여력 차트

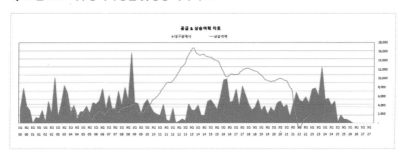

어와 있다. 이 구간에 들어오기 전에 공급 물량이 증가하는 추세가 보였을 때 미리 매도 전략을 짜야 한다. 상승 여력 또한 최저점을 갱신했다. 향후 2~3년간 있는 물량을 소화할 때까지 차분히 기다려보자.

대전광역시 또한 2021년 상반기에 2022년의 과공급을 보았다면 매도했어야 했다. 물론 대전은 2022년 뒤에 다시 공급이 부족해져서 대구보다는 분위기 전환이 빠를 것이다. 단, 상승 여력은 최저점을 갱신한 상태다.

◉ 그림 4-21 대전광역시 공급 및 상승 여력 차트

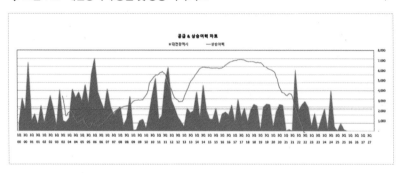

충청남도는 상승 여력이 많이 남아 있으나 1~2년간은 공급이 많다. 향후 1~2년은 크게 상승하지는 않겠지만, 그 기간이 지나면 공급도 줄어들고 상승 여력도 많아서 대세 상승장에 진입할 수 있을 것이다. 지금 당장은 아니지만 곧 기회가 다가올 테니, 꾸준히 모니터링해보자.

청주시는 충청남도보다는 상승 에너지를 많이 써서 상승 여력이 반밖에 남아 있지 않지만, 공급 물량의 감소 추세는 매끄럽다. 2023년에 공급이 좀 있지만, 그 이후부터는 줄어들면서 상승 여력을 다 쓸 것이다.

전라북도 전주시는 이미 공급 감소 추세에 들어갔다. 앞으로 3년간 공급

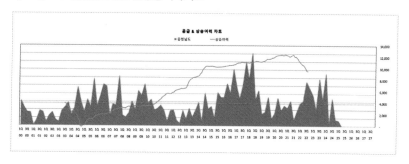

🔽 그림 4-22 충청남도 공급 및 상승 여력 차트

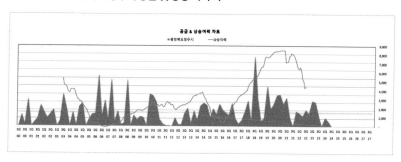

🔽 그림 4-23 충청북도 청주시 공급 및 상승 여력 차트

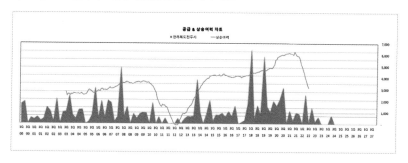

🔽 그림 4-24 전라북도 전주시 공급 및 상승 여력 차트

이 많이 부족해서 남은 상승 여력을 제대로 쓸 것이다. 맨 처음 보았던 강원도의 차트처럼 열심히 달려갈 것으로 보인다.

◆ **한 지역의 매수 기법 시크릿**

1. 전세지수가 매매지수와 같거나 넘어설 때까지 상승한다.
2. 매매지수가 전고점을 넘어선다.
3. 앞으로 3년, 수요는 늘어나고 공급은 줄어드는 지역이어야 한다.
4. (선택) 매수우위지수가 턴어라운드 상승한다.

1번은 전세의 힘, 즉 실수요를 나타낸다.
2번은 전고점을 뚫고 가는 파동 이론, 즉 기술적 분석이다.
3번은 수요와 공급의 법칙에 의한 경제학 이론이다.
4번은 추세 추종 매수 타이밍 기법이다.

◆ **한 지역의 매도 기법 시크릿**

1. 매매지수가 전세지수를 훨씬 뛰어넘어서 상승한다.
2. 상승 여력 차트가 전저점을 향해 달려간다.
3. 앞으로 3년, 공급이 늘어난다.

1번은 전세의 힘, 즉 실수요가 매매의 힘보다 약한 것을 나타낸다.
2번은 1번 전세의 힘을 기술적 분석으로 해석한 것이다.
3번은 수요와 공급의 법칙에 의한 경제학 이론이다.

경제학 이론, 파동의 기술적 분석, 실수요까지 체크한다면 실패하기 힘들 것이다.

전세가의 힘

상승 여력 차트에서 눈치챘겠지만, 매매 가격에 비해 전세 가격의 행방이 주택 시장에서 정말 중요하다. 상승 여력은 전세가-매매가에 기반한 것으로, 전세가가 매매가에 비해 높아질수록 상승 여력도 커진다. 상승 여력을 이러한 방식으로 계산할 수도 있지만, KB부동산에서는 매달 아파트 매매 가격 대비 전세 가격을 발표한다. 자료 찾는 방법은 에필로그에서 확인할 수 있다. 이 지표도 결국 매매 가격 대비 전세 가격을 나타낸 것으로, 상승 여력 차트와 비슷한 맥락이다. 비슷한 내용이므로 더블 체크한다는 마음으로 살펴보자.

전국 아파트의 매매 가격 대비 전세 가격은 중간 정도의 흐름을 보인다. 전국과 수도권은 큰 흐름이 비슷하다. 수도권이 전국에서 가장 큰 규모다 보니 큰 영향력을 미친다. 아래 그래프를 매매가 대비 전세가, 즉 전세가의 힘이라고 생각해보자. 전세의 힘이 결국 상승할 수 있는 힘이다. 수도권의 흐름은 상승할 수 있는 힘을 반 정도 소모하였으나, 아직도 전저점에 비해 반 정도 여력이 남아 있는 모습을 보인다. 서울, 경기, 인천은 크게 하나로 묶여 있기 때문에 모두 비슷한 흐름을 보인다. 수도권은 상승 주기와 하락 주기 사이클이 한번 방향을 잡으면 매우 길다. 지금 전세의 힘은 내려가고 있으며, 이는 매매가가 상승하면서 매매가 대비 전세가가 내려가고 있음을 시사한다. 즉, 아파트 매매가 상승장이 진행 중이다.

◈ 그림 4-25 전국 아파트 매매 가격 대비 전세 가격

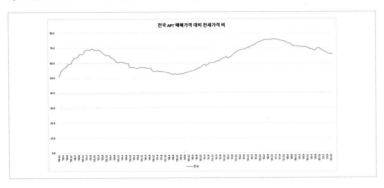

◈ 그림 4-26 수도권 아파트 매매 가격 대비 전세 가격

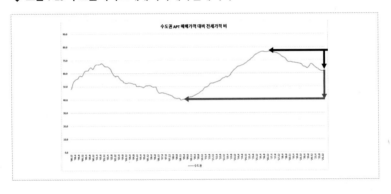

◈ 그림 4-27 서울 아파트 매매 가격 대비 전세 가격

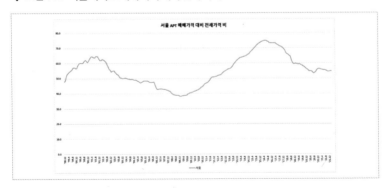

📍 그림 4-28 경기 아파트 매매 가격 대비 전세 가격

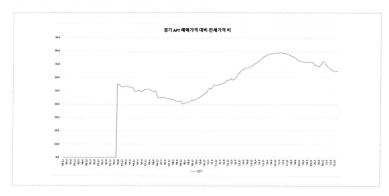

📍 그림 4-29 인천 아파트 매매 가격 대비 전세 가격

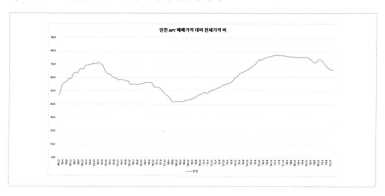

대전은 매매가 대비 전세가의 비율이 수도권처럼 급격하게 변하지 않는다. 매매가와 전세가가 비슷한 흐름을 보이면서 다소 안정적인 지역이다. 그래도 변화는 나타나며, 현재 대전은 전저점에 많이 다가와 있다. 즉, 매매가의 상승장이 많이 진행되었으며 전세의 힘이 다시 상승할 때까지 주의를 기울일 필요가 있겠다. 세종은 생긴 지 얼마 안 된 도시여서, 데이터가 중간부터 있다. 대전보다 급격한 변화를 보이며, 매매가의 급상승으로 매매가 대비 전세의 힘이 많이 하락했다. 즉, 매매가가 상승한 만큼 전세가가 상승하지는 않았다는 뜻이다. 세종도 전세가의 힘이 다시 올라올 때까지 잘 관찰해보자.

◈ **그림 4-30** 대전 아파트 매매 가격 대비 전세 가격

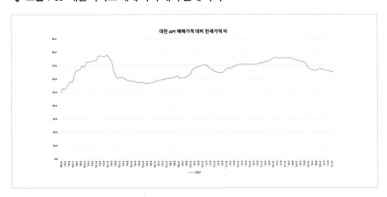

◈ **그림 4-31** 세종 아파트 매매 가격 대비 전세 가격

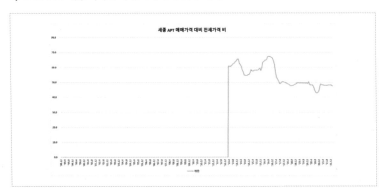

울산은 대전보다도 얌전하다. 즉, 매매가와 전세가가 비슷한 비율로 상승하고 하락하는 지역이다. 현재 매매가 대비 전세가의 흐름은 나쁘지 않으며 전세의 힘이 튼실한 상태로, 향후 공급만 없다면 충분히 상승할 수 있는 지역으로 여겨진다. 수도권과 광역시를 제외한 기타 지방도 전세의 힘은 흐름이 좋다.

◉ 그림 4-32 울산 아파트 매매 가격 대비 전세 가격

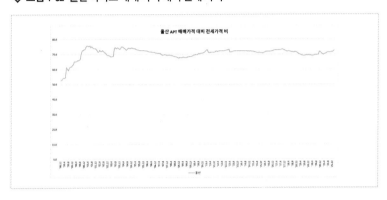

◉ 그림 4-33 기타 지방 아파트 매매 가격 대비 전세 가격

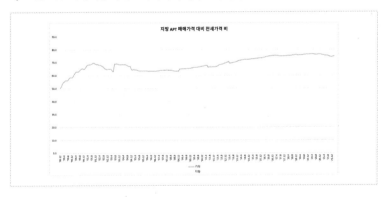

경남의 경우, 전세의 힘은 거의 사상 최고치로, 매우 좋은 모습이다. 매매가는 덜 올랐고, 전세가는 많이 올라오고 있다. 즉, 전세가가 빠르게 올라오면서 아직 안 올라간 매매가를 밀어 올릴 가능성이 높은 지역이다. 충북은 최고치는 아니지만 흐름이 나쁘지 않다.

그림 4-34 경남 아파트 매매 가격 대비 전세 가격

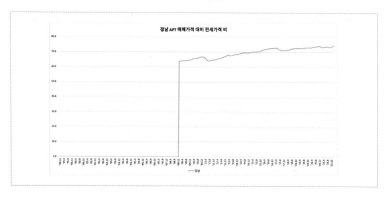

그림 4-35 충북 아파트 매매 가격 대비 전세 가격

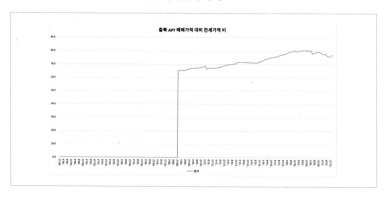

충남의 경우, 전세의 힘은 의외로 좋다. 현재 공급 매물 구간에 진입해 있어서 횡보하겠지만, 공급만 소화된다면 그동안 축적된 전세의 힘을 쓸 수 있는 날이 올 것이다. 축적된 전세의 힘을 쓰면, 매매가는 상승하고 전세가는 횡보할 것이다. 그러면 그래프는 힘을 쓰면서 점점 내려가게 될 것이다. 강원도는 다른 지방에 비해 전세의 힘을 좀 썼지만, 아직도 여력은 조금 남아 있다.

◈ 그림 4-36 충남 아파트 매매 가격 대비 전세 가격

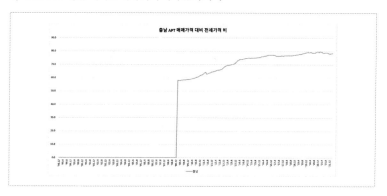

◈ 그림 4-37 강원 아파트 매매 가격 대비 전세 가격

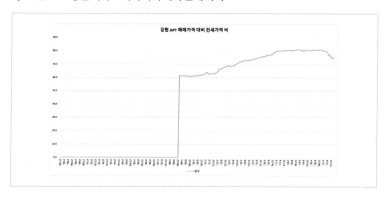

전세수급지수

사실 상승 여력 차트에 전세가와 매매가의 시크릿이 모두 녹아 있지만, 전세수급지수 또한 살펴보자. 인허가, 미분양, 준공 후 미분양, 분양 예정 물량으로 매매가와 전세가를 움직이는 공급 데이터를 분석했다.

그렇다면 전세의 수급을 지표로 나타낸 것이 있을까? 고맙게도 KB부동산에서 전세의 수급 상황을 모니터링하고 지표화하여 데이터를 제공한다. 전세수급지수 또한 KB부동산 월간 시계열 23번 탭에서 확인할 수 있다. 데이터 접근 방법은 이 책의 후반부에 자세히 나와 있다. 전세수급지수는 '100+공급 부족 비중-공급 충분 비중'으로 나타나며, 지수가 100을 초과할수록 공급 부족 비중이 높다. 공급이 부족하니, 전세수급지수가 올라가는 것이다. 필자가 필수적으로 보는 지표는 아니지만, 시장에 풀린 전세 공급까지 부족하다면 정말 좋은 신호가 아닐까? 물론 앞에서 살펴보았던 중요한 지표가 우선이다. 그 지표들이 모두 그린 라이트를 보내는데, 이 지표까지 좋다면 수익이 날 확률은 점점 더 높아질 것이다.

전세수급지수는 전북과 강원도가 가장 좋게 오르고 있다. 특히, 전라북도 전주시는 앞에서 살펴본 상승 시크릿 데이터들과 전세수급지수까지 좋아서 계속 눈여겨봐야 할 지역으로 보인다. 충북, 충남도 괜찮은 흐름이다. 현재 분위기가 좋지 않은 대구, 대전, 세종은 전세수급지수가 역시 좋지 않은 흐름을 보인다.

🔖 그림 4-38 전북 전세수급지수

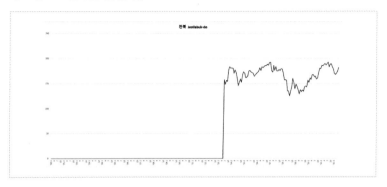

🔖 그림 4-39 강원 전세수급지수

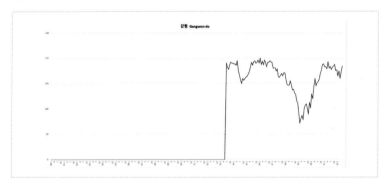

🔖 그림 4-40 충북 전세수급지수

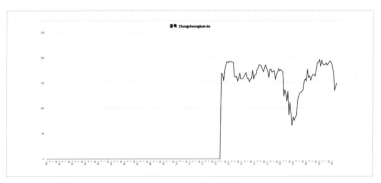

그림 4-41 충남 전세수급지수

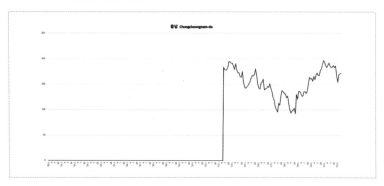

그림 4-42 대구 전세수급지수

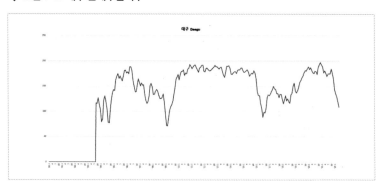

그림 4-43 대전 전세수급지수

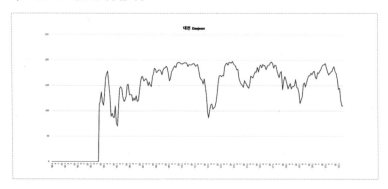

그림 4-44 세종 전세수급지수

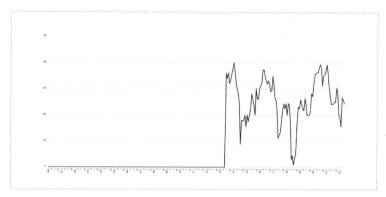

5장

앞에서 지역의 선택과 매수·매도 타이밍을 잡는 방법에 대해 이야기했다면, 이번에는 좀 더 구체적으로 들어가서 아파트 투자를 판단할 수 있는 기준에 대해 살펴보자.

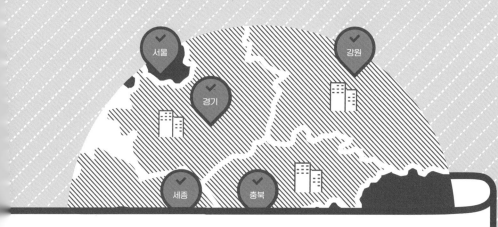

구체적으로 살펴보는
아파트 투자 판단 기준

매매지수와 전세지수
패턴을 살펴보자

사실 지역과 타이밍을 잘 선택했다면, 반 이상 성공한 것이다. 물론 어떤 아파트를 선택하느냐에 따라 수익의 차이는 있겠지만, 대세 상승장에 진입한 지역을 잘 선택했다면 대부분 성공할 것이다. 그래도 수익률을 조금이라도 더 높이기 위해 올바른 아파트 선택 방법을 차트 관점에서 살펴보자. 많은 세대수, 좋은 학군 등 다양한 세부 기준은《저평가된 알짜 아파트 한 채》에 자세히 나와 있다. 이번 책에서는 가장 중요한 매매가와 전세가에 대해 좀 더 구체적으로 다뤄보겠다.

아파트를 가장 객관적으로 바라볼 수 있는 지표는 매매가와 전세가다. 매매가와 전세가의 상승 패턴만 잘 익혀도, 상승하는 아파트를 선택해서 수익을 낼 수 있다. 모든 패턴이 이렇게 나오지는 않지만, 가장 확률 높은

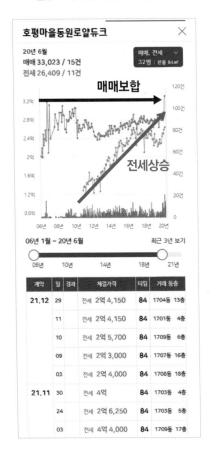

◉ 그림 5-1 경기도 남양주시 호평마을동원
로얄듀크 매매가와 전세가 패턴

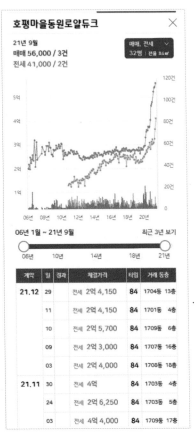

◉ 그림 5-2 경기도 남양주시 호평마을동원
로얄듀크 매매가와 전세가 패턴

패턴만 기억하고 찾아낸다면 그만큼 성공할 확률이 높아지는 것이다. 물론 지역과 타이밍 선택이 우선이다. 거기에 추가로 확률을 높이는 작업을 하는 것이다. 보통 사람들은 매매가와 전세가를 따로따로 보는 경향이 있는데, 같은 선상에 놓고 차트를 그리면 그 상승 패턴을 눈으로 익히기 쉽다.

그림 5-3 경기도 수원시 권선주공3단지 매매가와 전세가 패턴

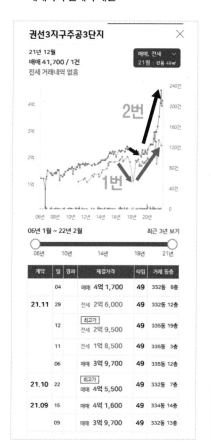

그림 5-4 천안시 일봉산해피트리 매매가와 전세가 패턴

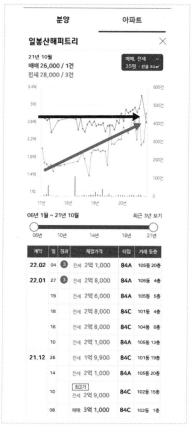

여러 빅데이터 사이트가 있지만, 아파트 실거래가 아실 앱에서도 이 패턴을 쉽게 볼 수 있다.

이미 지나간 것이지만, 이 상승 패턴을 잘 익혀보자. 매매가가 보합인데 전세가가 상승하는 패턴이다. 아주 고맙게도, 매매가가 상승하기 전에 전세가가 힌트를 준다. 어떻게든 수요의 증가로 전세가 먼저 상승하는데, 매매는 긴가민가해서 보합하거나 조금씩 오른다. 그러다가 전세가가 매매가와 가깝게 만나면 어느 순간 매매가가 튀어 오르는 것을 볼 수 있다.

물론 이 단지를 추천하는 것은 아니다. 이런 상승 패턴을 익혀서 아파트를 선택할 때 기준으로 삼으면 좋다는 말이다. 이러한 패턴이 여기에만 나오는 것은 아니다. 다른 지역 단지를 더 살펴보자.

삼성전자를 끼고 있는 수원시의 권선주공3단지의 경우, 전세가가 내려가면 매매가도 따라서 내려갔고 전세가가 치고 올라오니 매매가 역시 폭발했다. 결국 전세가를 잘 관찰하면 매매가가 어떻게 될지 어느 정도 가늠할 수 있다는 말이다. 전세는 결국 실수요를 뜻하기 때문이다. 실제로 그 지역, 그 아파트에 살고 싶어 하는 수요가 전세가라는 데이터로 나타난다. 이미 다 올랐다고 생각할 수도 있지만, 지방으로 눈을 돌리면 이러한 패턴은 무수히 많이 보인다. 물론 지역과 타이밍을 잘 선택해야겠지만 기회는 넘쳐난다.

매매가와 전세가 상황은 항상 바뀐다. 그러므로 직접 차트를 보면서 잘 찾아봐야 한다. 지역과 타이밍 선택이 우선이고, 아파트 단지를 선택하는 것은 그다음이라는 것을 명심해야 한다. 순서가 바뀌면 안 된다. 숲을 보고 나서 나무를 봐야 한다.

경상남도 창원시 마산합포구를 살펴보자. 우리나라 끝자락까지 이런 패턴이 통할까?

마산도 역시 전세가가 먼저 오르고 나서 매매가가 튀었다. 전세가가 항상 힌트를 주는 지역과 단지가 있어서 참 다행이고 기쁘다. 투자 후보 단지의 전세가가 상승 중인지 잘 살펴보자.

◈ 그림 5-5 경상남도 창원시 마산합포구 전세가 패턴

PIR로 찾아내는
아파트 저평가 구간

◉ 그림 5-6 OECD 소득 대비 집값 PIR 지표

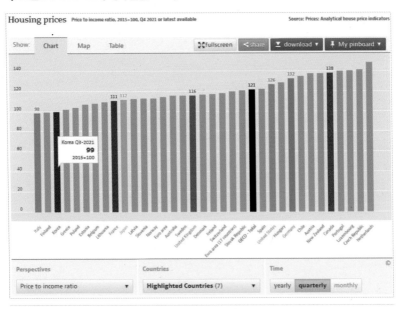

https://data.oecd.org/price/housing-prices.htm (검색일: 2022.2.7.)

PIR은 소득 대비 집값을 뜻하는데, 국가별로도, 각 나라의 도시별로도 비교 가능하다. 또 투자 대상 아파트까지도 분석해볼 수 있다. 객관적인 지표로 살펴보자. 우리나라의 위치는 전 세계에서 어디쯤 될까? OECD 사이트에서 데이터를 찾아볼 수 있다.

집값이 많이 올랐다는 2021년 3분기 기준으로도, 한국은 전 세계적으로 PIR이 낮은 수준이다. 전 지구적인 관점에서 대한민국의 소득 대비 집값은 아직 싼 편이다. 스위스은행에서 매년 발표하는 UBS라는 버블지표도 PIR에 기반한 것이다. 즉, 사람들이 벌어들이는 소득 대비 집값이 비싸면 버블이 쌓인다고 표현하는 것이다.

UBS 버블지표에 따르면, 캐나다와 유럽 도시에는 집값에 거품이 있다. 그러나 서울은 아예 포함되지 않아서, 국토연구원에서 같은 방법으로 계산

◎ 그림 5-7 UBS 버블지표

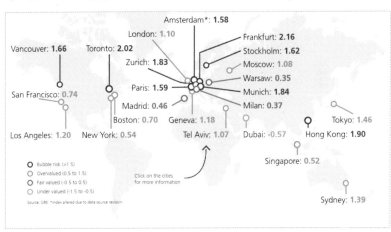

https://www.ubs.com/global/en/wealth-management/insights/2021/global-real-estate-bubble-index.html
(검색일: 2022.2.7.)

🔽 그림 5-8 UBS 버블지표

GREBI score above 1.5 Bubble risk	2019	2020	2021
Munich	2.01	2.35	1.84
Frankfurt	1.71	2.26	2.16
Toronto	1.86	1.96	2.02
Hong Kong	1.84	1.79	1.90
Paris	1.54	1.68	1.59
Amsterdam*	1.84	1.52	1.58
Zurich	1.40	1.51	1.83

GREBI score 0.5 to 1.5 Overvalued	2019	2020	2021
Vancouver	1.61	1.37	1.66

GREBI score 0.5 to 1.5 Overvalued	2019	2020	2021
London	1.31	1.26	1.10
Tokyo	1.11	1.20	1.46
Los Angeles	0.99	1.16	1.16
Stockholm	1.10	1.11	1.62
Geneva	0.90	1.08	1.18
San Francisco	1.15	0.99	0.74
Tel Aviv	0.78	0.89	1.07
Sydney	0.88	0.75	1.39
Moscow	0.50	0.66	1.08
New York	0.50	0.56	0.54

GREBI score -0.5 to 0.5 Fair valued	2019	2020	2021
Boston	0.36	0.49	0.70
Singapore	0.45	0.48	0.52
Madrid	0.61	0.43	0.43
Warsaw	-0.07	0.36	0.35
Milan	0.20	0.23	0.37
Dubai	-0.26	-0.40	-0.57

https://www.ubs.com/global/en/wealth-management/insights/2021/global-real-estate-bubble-index.html
(검색일: 2022.2.7.)

🔽 그림 5-9 국토연구원 부동산시장연구센터 버블지표

버블위험	2018	2019	2020(1Q~3Q)
서울	1.33	1.60	1.54
세종	0.86	1.05	1.54

고평가	2018	2019	2020(1Q~3Q)
부산	0.75	0.32	0.67
대구	0.19	0.38	0.65
인천	-0.13	0.28	1.05
광주	0.53	0.98	0.87
대전	-1.10	-0.46	0.77
경기	0.17	0.79	1.49
전남	0.98	1.33	0.73

적정 수준	2018	2019	2020(1Q~3Q)
울산	-0.30	-0.38	-0.38
강원	0.64	-0.11	-0.45
제주	1.19	0.68	0.30

저평가	2018	2019	2020(1Q~3Q)
충북	-0.89	-0.95	-0.71
충남	-1.32	-0.46	-0.55
전북	-0.89	-1.08	-1.25
경북	-0.61	-0.50	-1.08
경남	-0.80	-0.77	-0.95

주1: 우리나라 지역별 버블위험 지표는 UBS의 글로벌 부동산 버블지수를 산출하는 과정을 준용하여 추정하였으며 버블위험(>1.5), 고평가(0.5~1.5), 적정수준(-0.5~0.5), 저평가(-1.5~-0.5) 네 등급으로 나눔.
주2: 2019년 이후 가계동향조사가 통합조사 형태로 변경됨에 따라 2020년 1~3분기 소득자료의 경우 추정값을 사용함.
출처: 국토연구원 부동산시장연구센터 작성.

하였다.

국토연구원에서 2021년 초 UBS 버블지수를 계산하는 방식으로 한국을 분석한 결과, 서울과 세종은 버블이 있지만 독일, 홍콩, 토론토만큼 심하지는 않은 것으로 보인다. 반면, 저평가 지역이 크게 5군데나 보인다. 이미 많이 상승해서 가격이 부담스럽다면, 아직도 지방에는 저평가된 지역이 이렇게나 많이 있는 것이다. 저평가된 지역을 좋아한다면, 버블지표가 없는 충북, 충남, 전북, 경북, 경남 중에서 살펴보면 되지 않을까? 물론 그 지역 내에서도 수요와 공급 등 봐야 할 지표가 많다. UBS 버블지표에 따르면, 전 세계 도시는 적정 수준까지만 있고 저평가 지역이 없다. 작년까지만 해도 시카고가 저평가 지역이었는데, 미국도 집값이 많이 오르면서 저평가 지역이 아예 없어졌다. 하지만 우리나라에는 저평가 지역이 많이 보이므로, 아직도 기회가 많다는 것을 뜻한다.

각 지역별 PIR을 좀 더 긴 시계열로 보고 싶다면 주택금융연구원 통계 시스템에서 주택구입부담지수(K-HAI)를 참고하면 되는데, 이 지표에 대한 자세한 차트는《저평가된 알짜 아파트 한 채》에 나와 있다.

지금까지 전 세계 국가별로, 도시별로, PIR 지표를 살펴보았다. 그렇다면 특정 아파트에도 이러한 계산 방식을 도입할 수 있을까?

P인 Price는 객관적인 아파트 매매 평균 가격을 살펴보면 된다. 아파트 담보대출을 받을 때 보통 KB부동산 시세를 많이 참고하므로, 실거래가 중심으로 아파트 평균 시세를 살펴보자.

참고로 수원시 삼성전자 근처 초소형 아파트의 PIR을 구해보자. [그림 5-10]과 같이 KB부동산 사이트에서 원하는 단지를 클릭하면 과거 시세를

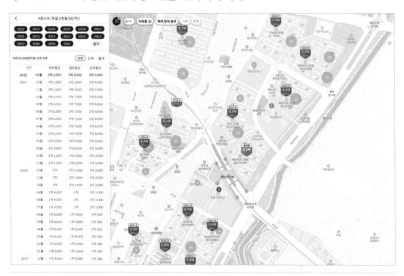

📍 **그림 5-10 KB부동산 매탄주공그린빌5단지 과거 시세**

https://kbland.kr/c/3694?ctype=01&xy=37.2530519,127.041264,17 (검색일: 2022.2.7.)

볼 수 있다. 2007년부터 2022년까지 매년 1월 일반 평균 시세를 엑셀로 정리하면 가격은 쉽게 알 수 있다. 1인 소득은 통계청 국가통계포털 KOSIS에서 찾을 수 있다. 통계청의 특성상 과거 자료는 많은데, 현재 자료는 아직 집계가 되지 않은 경우가 있다. 현재 연봉 정보를 직관적으로 보기 위해서는 호갱노노 사이트를 이용하는 방법도 있다. 호갱노노에서 경기도 수원시 영통구의 평균 연봉을 찾아보면 삼성전자 바로 옆이어서 그런지 수치가 매우 크다. 이렇게 지도로 시군구별로 비교해가면서 연봉과 아파트 매매 가격, PIR을 비교·평가할 수 있다.

아파트 가격만 보면 계속 오르거나 횡보하기만 해서, 지금이 저평가인지 고평가인지 알기 힘들다. 그러나 이렇게 PIR 차트를 그려보면, 현재 구

⊘ 그림 5-11 KOSIS 국가통계포털 가계소득

https://kosis.kr/statisticsList/statisticsListIndex.do?vwcd=MT_ZTITLE&menuId=M_01_01 (검색일: 2022.2.7.)

⊘ 그림 5-12 호갱노노 직장인 연봉

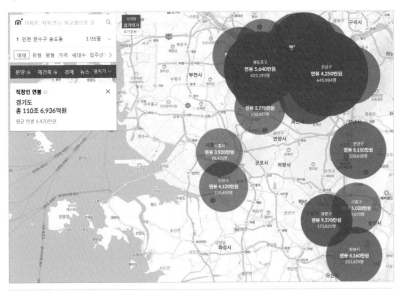

https://hogangnono.com/ (검색일: 2022.2.7.)

간을 좀 더 명확하게 알 수 있다. 예시로 든 매탄주공그린빌5단지 15평 아파트의 경우, 2007년부터 2022년까지 매매가와 연봉, PIR을 엑셀로 정리해보았다. PIR 데이터를 차트로 그려보면 [그림 5-13]처럼 굴곡이 나타난다. 15년간의 평균 PIR을 빨간색 선으로 그으면 더욱 명확하게 보인다. 지금 평균보다 위인지, 평균보다 아래인지, 평균 구간인지 알 수 있다. 평균보다 아래에 있으면 PIR 기준으로 저평가 영역에 있는 셈이다. 흥미로운점은, 이 아파트는 최근 2021~2022년에 큰 폭으로 매매가가 상승했는데도 연봉의 상승 폭이 더 커서 PIR은 오히려 내려갔다. 단순히 아파트 매매가만 봐서는 안 되고, 그 지역의 평균 연봉이 어떻게 변하는지도 같이 봐야하는 이유다. 결국 PIR은 그 지역 산업의 질과 일자리의 영향력도 함께 보여주는 가치평가 마법의 차트다.

숲을 잘 선택한 후 나무를 선택할 때, 구체적인 아파트 단지를 이러한 방식으로 분석해볼 수 있다. 매매지수와 전세지수의 패턴이 좋은 단지 중

📍 **그림 5-13 매탄주공그린빌5단지 15평 PIR 차트**

에 PIR까지 적정 수준으로 낮다면, 선택한 단지가 정답일 것이다. 모든 투자에 100%는 없기에, 조금이라도 확률을 높이는 방법을 계속해서 추가해보자.

입지 갭 투자를 통한
아파트 선택

같은 동네에서도 입지의 차이에 따라 상승하는 데 시간차가 생긴다. 부동산은 움직임의 속도가 느리고 길기 때문에 항상 기회가 많다. 이해하기 쉽게 예를 들어보자. 앞에서 살펴보았던 수원시의 삼성전자 근처의 아파트와 호재가 많은 화서역 근처에 있는 같은 크기 아파트의 움직임을 살펴보자. 비교해보면 수년간 똑같이 움직였음을 알 수 있다.

물론 이렇게 똑같이 움직인 아파트 사이에도 시간차는 있다. 즉, 먼저 움직이는 단지가 있다는 것이다. 먼저 올라간 것을 힌트로 삼아서, 그다음에 올라갈 단지에 투자하는 것도 매우 안전하고 확실한 투자 방법이다. 이렇게 비슷한 입지, 비슷한 매매 가격을 형성하고 있는 아파트끼리 가격이 벌어졌을 때 투자하는 방법을 필자는 입지 갭 투자라고 한다. 입지에 따라 갭

그림 5-14 경기도 수원시 아파트 가격 비교

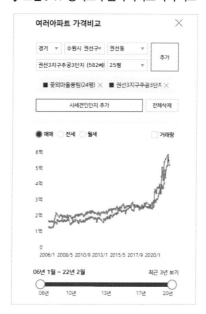

그림 5-15 2020년 3월 아파트 가격 비교

그림 5-16 2020년 12월 아파트 가격 비교

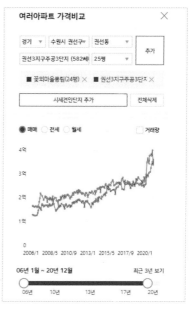

이 벌어지면 이를 메우려는 성질을 이용한 투자 방법이다. 아파트 실거래가 아실 사이트나 앱에서는 과거 기간별로도 매매 가격 차트를 비교해볼 수 있어서 좋다.

2020년 3월의 두 개의 단지를 비교해보면 꽃뫼마을풍림아파트가 먼저 상승하면서 순간적으로 7~8천만 원이나 가격이 벌어졌다. 수년간 비슷하게 같이 달려왔던 아파트들이 순간적으로 가격차가 나는 현상이 발생한 것이다. 역시 권선주공3단지아파트가 뒤따라 상승했다. 이러한 현상은 이 단지에만 국한된 것이 아니라, 수원시 전체 아파트를 비교해봐도 비슷한 현상이 나타난다. 과거에 비슷하게 움직였던 데이터가 있으니 눈으로 확인하고, 순간적으로 어떤 단지가 먼저 튀어 나가면 뒤따라가는 단지를 잡는 방법도 확실해 보인다. 2020년만이 아니라 2021년에도 그러했고, 미래에도 기회는 항상 있다.

2021년 2월에 꽃뫼마을풍림아파트가 먼저 상승하면서 순간적으로 1억 원 차이가 났다. 역시 4개월 만에 눈치가 빨라진 권선주공3단지가 금세 따라잡았다. 물론 몇 개월 만에 바로 따라잡긴 하지만, 투자자에게 몇 개월이면 충분히 매수할 수 있는 시간이다. 모니터링만 잘하고 있었다면 말이다. 그래서 내가 원하는 단지들을 비슷한 아파트와 항상 비교하여 평가해야 한다. 매의 눈으로 관찰하고 있다가, 상승의 조짐이 보인다 싶으면 바로 행동에 나설 수 있어야 한다. 기회는 항상 오지만, 빠르게 왔다가 지나간다. 그 순간을 놓치지 않도록 항상 연구하고 준비하자.

이러한 현상은 수도권뿐만 아니라 지방에서도 통한다. 전라북도 전주시를 먼저 살펴보자. 전주시의 서신동과 송천동은 두 군데 모두 좋은 입지이

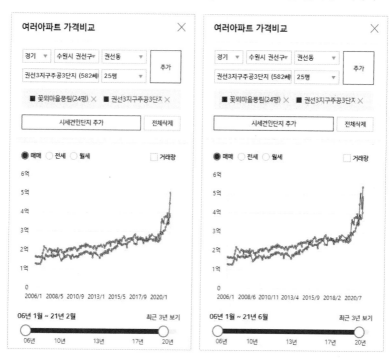

그림 5-17 2021년 2월 아파트 가격 비교   **그림 5-18** 2021년 6월 아파트 가격 비교

기 때문에, 23평 아파트의 시세도 과거부터 비슷하게 흘러왔다. 오르면 같이 오르고, 떨어지면 같이 떨어졌다. 그렇다면 지금은 어떨까? 비슷하거나 오히려 더 가격이 밀렸던 송천주공아파트가 같거나 비슷한 면적의 서신동 아파트보다 더 가파른 속도로 상승하고 있다. 순간적으로 갭이 4천만 원이나 벌어진 것이다. 그렇다. 필자가 집필하는 지금 이 순간에도 기회는 항상 있다.

청주시 상당구 모충동의 트릴로채와 수곡동 더샵은 거리상으로도 가깝

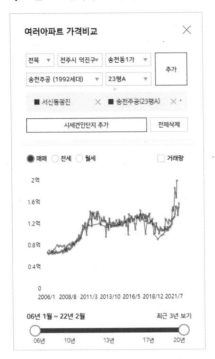

다. 두 단지 모두 비슷한 시기에 입주한 신축 아파트다. 아무래도 더샵이 브랜드가 좋으니 더 먼저 움직인다. 앞에서는 호재에 반응 속도가 빨랐다면, 여기서는 인지도 있는 브랜드가 움직임이 빠를 것이다. 타 도시에 비해 아직 가격이 많이 상승하지 않은 청주시의 신축 단지들이다. 비슷한 움직임을 보이다가 더샵이 먼저 크게 상승하면 시간차를 두고 트릴로채가 따라갈 가능성이 크다. 더샵과 트릴로채는 분양권일 때 5천만 원 정도 차이가 났는데, 현재 1억 원 이상 벌어져 있다. 재미있는 것은 더샵과 트릴로채가 붙어 있었던 타이밍도 있었다는 것이다. 아파트끼리 차이가 나던 갭이

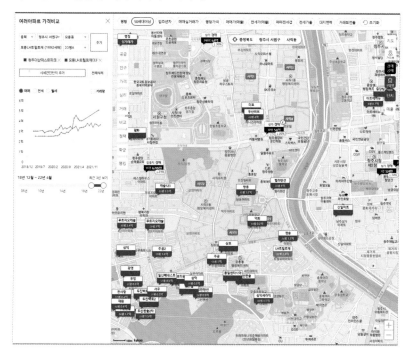

그림 5-20 충청북도 청주시 아파트 가격 비교

붙으면 더 비쌌던 더샵을 선택해야 하고, 갭이 벌어지면 그 뒤를 따라가는 트릴로채를 선택한다. 기다림이 필요하지만, 앞서가는 단지를 선택할지, 아니면 힌트를 얻어서 바로 따라갈 단지를 선택할지는 개인 선호도와 환경에 따라 달라진다.

평수 갭 투자를 통한
면적 선택

입지에 따른 시간차 투자가 있다면, 면적에 따른 시간차 투자 방법도 있다. 이를 이해하기 쉽게 평수 갭 투자라고 한다. 같은 단지에서도 여러 평수가 있고, 지역별로 어느 평수가 먼저 오르기도 한다. 예를 들면, 서울에는 소형 평수가 먼저 오르고 중대형이 뒤따라가는 단지가 있는가 하면, 수도권이나 지방은 중대형 평수가 먼저 오르고 소형 평수가 뒤따라가는 단지가 많이 포착되었다. 앞에서 살펴본 수원시 아파트 한 단지를 예로 살펴보자.

막상 차트를 보면 같이 오른 것처럼 보이지만, 시간별로 자세히 살펴보면 기회가 많이 있었던 것으로 보인다. 실제로 현장에서도 기회가 많았고, 필자는 그런 기회들을 이용해서 금세 따라갈 상품에 투자해서 수익을 낸

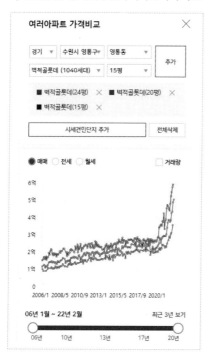

다. 하나씩 자세히 살펴보자.

2020년 1월에는 24평, 20평, 15평 아파트가 일정 수준의 갭을 유지하면서 다 같이 약상승하는 시세를 형성했다. 그러다가 9개월 뒤에 24평이 먼저 급등하는 현상이 나타났다. 물론 그 전에 주변에 있는 30평대 이상 중대형 아파트들이 먼저 올랐다. 이 지역은 중대형이 오르고 소형이 따라가는 지역이었던 것이다.

보기 쉽게 같은 단지에서만 비교해보겠다. 2020년 9월에 24평이 순간적으로 1억 원 이상 오르면서 20평, 15평과의 격차가 많이 벌어졌다. 그러면

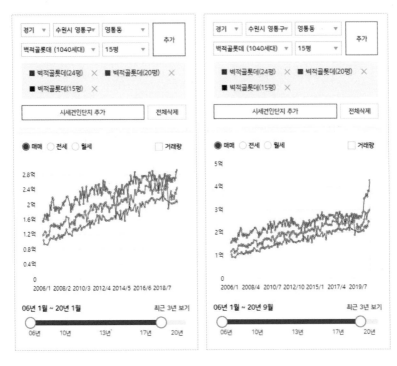

그림 5-22 2020년 1월 아파트 가격 비교   그림 5-23 2020년 9월 아파트 가격 비교

소형이 따라가서 격차를 줄일 것인가, 아니면 24평이 다시 내려올 것인가? 이 지역이 대세 상승장에 진입했다면 전자의 확률이 더 높을 것이다. 6개월 뒤에는 과연 어떻게 되었을까? 이 방법 하나만 알고 있어도, 상승 흐름에 올라타서 큰 수익을 볼 수 있다.

6개월 뒤에는 20평이 24평을 바짝 따라갔다. 그다음 차례는 15평이었다. 24평은 6억 원을 넘기고 20평은 5억 원을 넘기면서 그 뒤를 바짝 따라가고 있으며, 15평은 3억 원 중반대로 속도는 느리지만 열심히 따라가고 있는 것으로 보인다. 이렇게 평수 갭 투자에서는 6개월에서 1년까지도 기

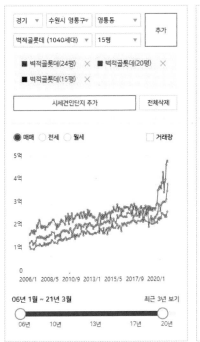

그림 5-24 2021년 3월 아파트 가격 비교

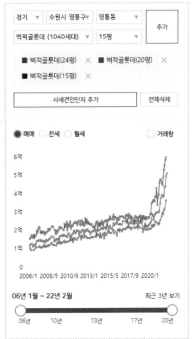

그림 5-25 2022년 2월 아파트 가격 비교

회가 보인다. 지금 이 순간에도 간격을 좁히면서 더 따라갈 상품이 눈에 띌 것이다. 부동산의 호흡은 길기 때문에 면적에 대한 갭 좁히기, 평수 갭 투자만 잘해도 충분히 수익을 낼 수 있는 것이다. 부지런하게 모니터링만 잘한다면, 기회는 항상 있다. 지방에도 똑같이 기회가 있을까?

전라북도 전주시의 중심에 서신동과 효자동이 있다. 그중에서 공원과 천을 끼고 있는 아파트 단지를 비교해보자. 20평대, 30평대, 40평대, 50평대, 80평대까지 다양하게 있는데, 이곳에서도 큰 평수일수록 먼저 움직였다. 빨간색인 80평대가 먼저 몇억 원 상승한 후, 50평대, 40평대, 30평대

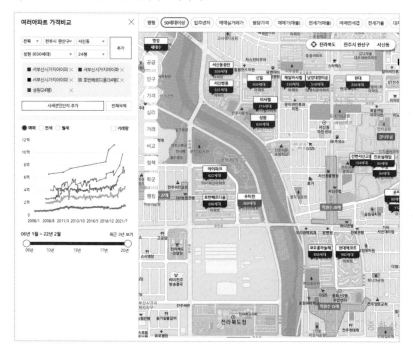

그림 5-26 전라북도 전주시 아파트 가격 비교

가 뒤따라 올랐다. 20평대 아파트도 상승하였지만, 아직 갈 길이 멀어 보인다. 보통 투자를 하고 얼마에 팔아야 하는지 많이 고민하게 된다. 만약 중형이나 소형 아파트에 투자했다면, 대형 아파트의 상승이 멈추고 내가 투자한 상품군이 대형과의 간극을 충분히 메웠을 때를 매도 적정가로 산정해도 좋다. 물론 큰 흐름은 기본으로 돌아가서 수급을 보고 결정해야 한다.

더 밑으로 내려가도 이러한 패턴은 반복된다. 즉, 기회는 항상 있다는 말이다. 경상남도 창원시 마산합포구의 경우, 예전에 준공 후 미분양으로 유

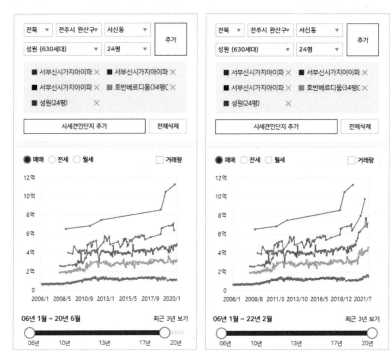

그림 5-27 2020년 6월 아파트 가격 비교   **그림 5-28** 2022년 2월 아파트 가격 비교

명했던 마린애시앙아파트는 크게 상승했다. 하지만 이렇게 상승하는 단지
에도 기회는 있다. 46평이 8억 원을 넘어서는 놀라운 가격 상승을 보여주
었다. 34평도 3억 원에서 5억 원 정도로 상승했다. 그러나 34평과 46평은
원래 1억 원 정도 차이가 났고, 지금은 3억 원 정도로 간극이 벌어졌다. 만
약 46평형에서 7~8억 원짜리 거래가 1~2건에 그치지 않고 지속되면, 34평
이 간극을 좁힐 가능성이 크다. 물론 해당 지역의 수급 등 숲을 먼저 봐야
한다. 큰 틀에서 괜찮은 투자 지역이라면, 이렇게 면적별로도 세세하게 기
회를 찾을 수 있다. 항상 큰 평수가 먼저 가고, 작은 평수가 뒤따라가는 것

◈ 그림 5-29 마린애시앙부영 면적별 아파트   ◈ 그림 5-30 마린애시앙부영 면적별 아파트
      시세 비교   시세 비교

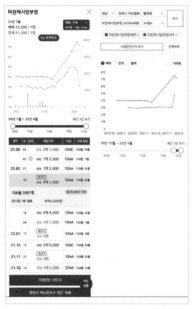

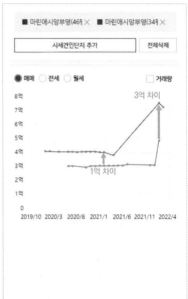

은 아니다. 서울은 오히려 소형이 먼저 가고 중형과 대형이 뒤따라가는 경

우가 있다. 지방 일부에서는 여전히 중대형이 중형보다 저평가된 곳이 종

종 눈에 띈다. 이러한 것을 한번에 체크할 수 있는 방법은 KB부동산 월간

시계열에서 57번 면적별APT매매평균 탭을 보면 데이터를 확인할 수 있

다. 자세한 데이터 접근 방법은 이 책의 에필로그를 확인해보자.

지역별로 면적별 아파트 매매 평균값을 차트로 그려보면, 충남은 최근

중형 아파트가 중대형보다 더 치고 올라오면서 역전했다. 이것은 긴 시계

열로 보았을 때, 지금 중대형이 중형보다 더 저평가되어 있음을 알 수 있

다. 이렇게 지역별로 큰 흐름을 파악한 뒤, 개별 아파트끼리 비교 평가한다면 평수 갭 투자를 잘할 수 있을 것이다.

◈ 그림 5-31 충청남도 면적별 아파트 매매 평균

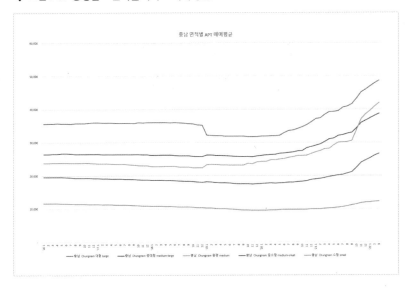

초품아와 좋은 자연환경은
프리미엄을 받는다

'초등학교를 품은 아파트'를 줄여서 '초품아'라고 하는데, 인기가 많다. 아이가 소중해진 요즘 시기에는, 내 아이가 길을 건너서 않고 초등학교에 다녔으면 하는 마음이 크다. 그러다 보니 초등학교와 딱 붙어 있는 아파트들이 인기가 많다. 또, 위드코로나 시대로 접어들면서 자연환경이 중요해졌다. 예전에는 교통만 좋으면 만족했지만, 요즘에는 재택근무 등 집에 있는 시간이 늘었다. 그래서 자연환경이 좋은 아파트 단지를 희망하는 사람들이 늘어나고 있다.

1 | 자연환경

같은 단지라도 한강이 보이는지 여부에 따라 가격차가 많이 난다. 집에 있는 시간이 늘어나면서 뷰의 중요성이 더욱 커지고 있다. 모든 아파트가 한강뷰를 바라볼 수 없기 때문에 희소성이 생긴다. 호수뷰, 천뷰, 오션뷰도 마찬가지다. 물을 보고 있으면 마음이 안정된다는 사람이 많다. 그래서 한강, 천, 호수라도 보이면 그 아파트는 희소성을 갖게 된다. 실제로 광교 호수공원과 호수가 보이는 단지는 가격이 크게 올랐다.

광교 호수공원을 끼고 있는 광교중흥S클래스는 2년 만에 엄청나게 올라서 32억 원이 넘는 가격에도 거래되었다. 52평이 32억, 44평 27억, 40평 19억 6천, 35평 18억 원에 거래되었다. 서울이 아니더라도 호수공원의 멋진 뷰를 선호하는 사람들이 생긴 것이다. 광교만 그런가? 동탄도 마찬가지다. 동탄린스트라우스더레이크는 호수가 주변에 있다는 이유로, 매매가가 최근 2년 만에 8~9억 원대에서 17억으로 두 배 뛰었다.

이 현상은 수도권에서만 일어나는 것이 아니다. 전주시 에코시티더샵 2차는 광교 호수공원에 비하면 작지만, 호수뷰가 있는 단지가 신고가를 가장 먼저 찍었다. 1003동 15층 호수가 보이는 단지가 11억 원을 찍으면서 전주시 아파트의 대세 상승장을 견인했다. 즉, 이 호수뷰 아파트가 불장을 선언하면서, 전주시의 분위기를 이끌었다. 역시 같은 단지에 호수가 가리는 동은 조금 더 낮은 가격에 거래되면서, 호수의 영향력을 확인할 수 있었다. 엘시티 같은 부산 해운대 근처의 오션뷰 단지도 찾아보면 깜짝 놀랄 것이다. 심지어 큰 도시가 아닌 속초 디오션자이의 경우에도 56평이 17억 4천만 원으로 실거래 신고가를 찍는 등, 시원한 오션뷰를 지닌 세컨하우스

그림 5-32 경기도 수원시 광교중흥 S클래스

그림 5-33 경기도 화성시 동탄린스트라우스 더레이크

그림 5-34 전라북도 전주시 에코시티 더샵2차

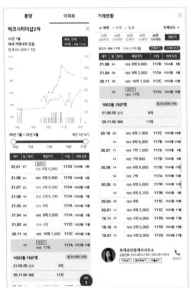

그림 5-35 인천광역시 송도센트럴파크 푸르지오

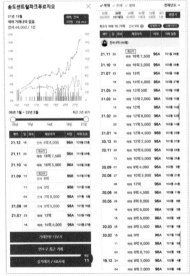

로 선호도가 높다.

물가 주변만이 아니라 공원뷰, 마운틴뷰, 골프장뷰 등 푸른 곳이 인기가 많다. 집에서 멋진 자연환경을 즐기고 싶기 때문이다.

한강뷰 아파트가 그렇듯이, 서울 올림픽공원 근처, 부산 시민공원 근처의 새 아파트들 역시 높은 가격을 형성하고 있다. 이렇게 큰 도시 말고도 공원뷰 아파트는 인기가 많다. 송도의 경우는 어떠할까?

2021년 말에도 계속 신고가를 찍으면서 39평이 17억 원 가까운 시세를 보인다. 이곳 역시 몇 년 사이에 시세 상승이 크다. 근처의 69평은 25억 원

◎ **그림 5-36 송도더샵센트럴파크1차**

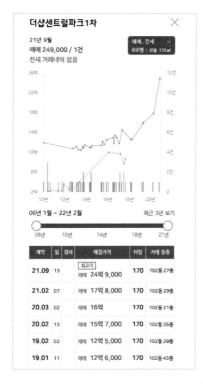

◎ **그림 5-37 송도더샵센트럴파크2차**

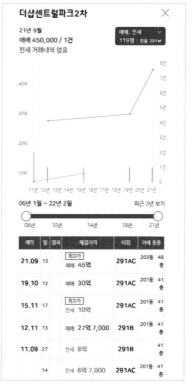

근처에 거래되었고, 119평은 45억 원에 거래되었다. 물론 초대형이지만, 공원뷰 같은 자연환경이 한몫하여 계속 상승하는 것이다. 그 외에도 멋진 단풍이 깃든 산이 보이는 마운틴뷰, 시원하게 뚫린 골프장뷰도 선호하는 사람들이 늘어나고 있다.

2 | 학군과 교통까지 좋으면 불패

자녀의 학교도 아파트를 고르는 기준이 된다. 특히 중학교 학군이 중요해서, 공부하는 분위기가 형성되어 있는 학교 또는 학원가 근처를 선호한다. 그 지역에서 가장 비싼 아파트, 즉 대장 아파트는 학군이 가장 좋은 곳인 경우가 대부분이다. 중학교와 고등학교 학군도 아파트 실거래가 아실 사이트나 앱으로 확인 가능하다.

아파트 실거래가 아실 사이트나 앱에서 학군 비교 탭을 이용하면, 지역의 중고등학교를 순위별로 확인할 수 있다. 가로축은 학업성취도평가, 세로축은 특목고 진학률로, 오른쪽 위로 갈수록 좋은 학군을 뜻한다. 오른쪽으로 갈수록 학업성취도평가가 좋고, 위로 갈수록 특목고 진학률이 높다. 경기도 광명시에서는 철산중학교가 90% 이상의 학업성취도평가, 4% 이상의 특목고 진학률로 1위 학군이다. 이 지역의 대장 아파트는 철산초와 철산중을 품은 철산래미안자이아파트다. 초품아와 중학교 1등 학군을 모두 갖춘 좋은 입지이기 때문이다. 맞은편에 있는 진성고등학교도 이 지역 1등 학군이다. 최고의 초중고를 품고 있는 것이다. 이렇게 학군만 가지고도 대장 입지를 찾을 수 있다. 전혀 모르는 지방에 가서도 학군이 좋은 곳

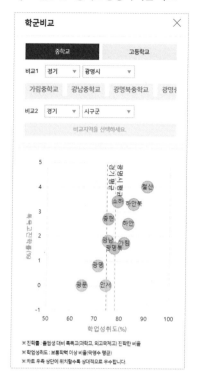

그림 5-38 경기도 광명시 학군 비교

학군비교 ✕

| 중학교 | 고등학교 |

비교1 경기 ▼ 광명시 ▼

가림중학교 광남중학교 광명북중학교 광명

비교2 경기 ▼ 시구군 ▼

비교지역을 선택하세요

※ 진학률 : 졸업생 대비 특목고(과학고, 외고국제고) 진학한 비율
※ 학업성취도 : 보통학력 이상 비율(국영수 평균)
※ 차트 우측 상단에 위치할수록 상대적으로 우수합니다.

을 찾으면 좋은 동네가 어디인지 금방 찾을 수 있다. 빅데이터가 모든 것을 말해주니, 이 얼마나 편리한 세상인가?

모든 것을 다 갖출 순 없지만, 교통까지 좋으면 금상첨화다. 교통이 좋은 곳은 정말 살기가 편리하다. 역세권에 출퇴근 거리, 통학 거리, 병원과의 거리 등이 가깝고 가기 편리하다면 사람들의 만족도는 매우 커진다. 서울에서 대부분의 직장은 마곡, 종로, 구로디지털단지, 강남 등 2호선과 9호선을 지난다. 맞벌이가 필수인 요즘에는, 부부 모두 통근하기 편해야 한다. 2호선과 9호선이 같이 있는 곳이라면, 대부분의 맞벌이 부부들이 통근하기 편할 것이다. 2호선과 9호선이 동시에 지나는 더블 역세권은 당산역과 종합운동장역이다. 당산역은 앞으로 대규모 재건축으로 천지개벽할 여의도와 목동 사이에 있으며, 당산지역 또한 재건축이 여기저기 진행 중이다. 종합운동장역 역시 삼성동 근처로, 말할 필요도 없는 핵심 입지다. 그만큼 교통이 좋은 곳은 대부분 핵심 입지이고, 부동산 투자에서도 실패하기 힘든 지역이다.

◈ 그림 5-39 서울 지하철 노선도

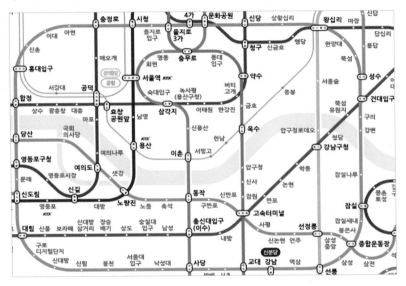

입주장 급매를 노려라

아무리 잘나가는 아파트라도 입주장은 항상 힘들다. 공급 앞에 장사 없다는 말이 현실이다. 그 유명한 헬리오시티도 입주장에는 짧게라도 급매가 있었다. 현장을 다녀본 사람들은 잘 알 것이다. 물론, 좋은 입지의 좋은 상품은 급매가 금방 왔다가 지나간다. 하지만 지방의 경우 입주 기간 3개월 내에 기회가 속출한다.

분양권이 신축 아파트가 되면서 좋아지는데, 성장통을 겪듯이 힘든 시절을 지낸다. 고난과 역경을 딛고 나면, 시세는 분출한다. 모든 세대가 매매 또는 임대하면서 나왔던 물량이 수개월에 걸쳐 소화되고 나면 더 이상 나올 물량이 없는 것이다. 즉, 팔 사람들은 다 팔고 임대할 사람들도 임대가 끝난 상황에서는 공급은 없고 앞으로 2년간은 수요만 생기는 것이다.

매매한 사람도 세금 때문에 2년은 필요하고, 임대차 계약도 2년은 하기 때문이다.

이렇게 물량이 한꺼번에 많이 쏟아졌다가 다 같이 잠기면 시세가 푹 꺼졌다가 다시 크게 상승한다. 필자는 이러한 현상을 신축 입주장에서 무수히 많이 보았다. 그래서 입주장을 기회의 장이라고 생각한다. 물론 그 지역이 앞에서 찾은 그린 라이트일 때 그렇다.

먼저 천안시 서북구에 두정역효성해링턴플레이스 사례를 살펴보자. 이 단지는 2020년 4월에 입주했다. 입주 기간 몇 개월 동안 분양가 근처에서 고생한 흔적이 보인다. 프리미엄이 붙었다가도 입주장 때는 무피, 심지어 마피까지도 출현했다. 하지만 고난과 역경의 시간이 지나고 나서 지금은 거의 두 배 가까이 상승했다. 입주장의 고난 이후 상승하는 단지는 매우 많았고, 앞으로도 이러한 기회는 무수히 지나갈 것이다. 이러한 기회를 주워 담을 준비를 제대로 해야 한다.

천안에서 가까운 청주만 가도 현재 입주장으로 고생 중인 단지들이 여럿 보인다. 입주장 때는 다 같이 힘들다. 천안의 사례와 비슷하게 느껴지지 않는가? 33평끼리 비교했을 때, 천안의 두정역효성해링턴플레이스도 3억 원대에서 입주장을 버티다가 현재 6억 원 가까이 상승했다. 청주의 트릴로채도 3억 원대에서 고난과 역경을 이겨내고 있다. 청주시 청원구 율량금호어울림센트로도 마찬가지로 입주장 급매가 있었고, 앞으로 다가올 청주시 상당구 탑동 힐데스하임도 분명 기회가 있을 것이다. 대전광역시 동구의 신축 아파트들도 똑같은 절차를 밟으면서 3억 원에서 6억 원이 되었다. 현재 입주가 많은 경기도 수원시도 같은 절차를 밟고 있다. 수도권이든 지방

그림 5-40 충청남도 천안시 서북구 두정역효성해링턴플레이스

그림 5-41 충청북도 청주시 서원구 트릴로채

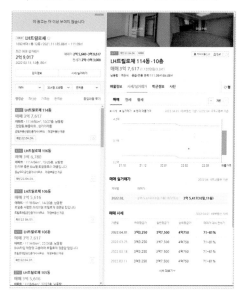

이든 괜찮은 입지의 신축은 입주장을 지나고 나면 대부분 크게 상승했다.

경상남도 창원시 중동 유니시티도 한때는 분양가 대비 마이너스 프리미엄 4천만 원까지 손해 보고 파는 매물이 나와서 심각했는데, 지금은 두 배 이상 뛰어서 엄청난 시세를 형성하고 있다. 흥미로운 사실은, 이러한 사례가 계속 발생하는데도 역사는 반복된다는 것이다. 금융 시장도, 부동산 시장도, 사람의 심리는 변하지 않기 때문에 특정 현상은 계속 반복된다. 우리는 그 반복되는 시장 안에서 두려움을 이기고, 정확하게 기회를 잡아내서 수익을 내면 된다. 경상남도 창원시 성산구에 성산반도유보라아이비파크에도 입주장이 여전히 진행 중이면서 기회가 종종 보인다. 사람들은 그때 잡지 못한 것을 아쉬워하면서, 실제로 기회가 와도 또 잡지 못한다. 지나서 비로소 보이는 것은, 내가 기회를 볼 줄 모르는 것이다. 그러므로 전국적으로 분석해보자.

충청남도 아산시도 마찬가지다. 천안시와 아산시는 붙어 있어서 아파트 가격도 같이 움직인다. 아산시의 모종금호어울림아이퍼스트를 보면, 천안시 두정역효성해링턴플레이스의 2년 전 모습을 보는 것 같다. 전용 84㎡, 34평 기준으로 3억 원대에 머물러 있다. 두정역효성해링턴플레이스만큼은 아니어도 반만 따라가도 수익의 기회가 보인다.

그래서 과거 데이터들을 같이 살펴보는 것이다. 모종금호어울림아이퍼스트는 입주장이 시작된 단지여서, 아직 아파트 실거래가 아실 사이트에 뜨지 않는다. 분양권이라 아파트와 비교하여 평가하기가 어렵다. 그렇다면 아산시 모종동의 현재 대장 아파트인 모종캐슬어울림3단지와 비교하면 된다. 모종캐슬어울림3단지는 모종금호어울림아이퍼스트와 매우 가까이

그림 5-42 경상남도 창원시 성산구 성산반도유보라아이비파크

그림 5-43 충청남도 아산시 모종금호어울림아이퍼스트

있으며, 같은 신축 단지로 시세가 비슷하게 움직이기 때문이다. 역시 천안과 아산은 비슷한 시세 흐름을 보인다. 두정동이 치고 가니, 모종동이 따라가는 것이다. 더군다나 같은 면적인데, 두정역효성해링턴플레이스는 6억 원, 모종캐슬어울림3단지는 5억 원, 현재 입주장인 모종금호어울림아이퍼스트는 3억 원대다. 이렇게 기회는 항상 지나간다. 그 기회를 잘 잡아보자.

◎ **그림 5-44 모종캐슬어울림3단지, 두정역효성해링턴플레이스 가격 비교**

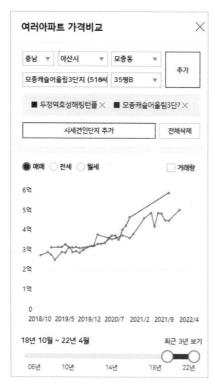

백화점이 있어야 배우자를
설득할 수 있다

여태까지 많은 기법을 통해 투자처를 정했다면, 배우자 앞에서 프레젠테이션해보자. 배우자가 설득된다면, 투자는 성공할 확률이 높다. 그런데 고개를 갸우뚱한다면, 그 투자처의 단점을 다시 한번 생각해보자. 제아무리 똑똑한 사람도 여러 사람의 머리를 이길 수는 없다. 배우자뿐만 아니라 친구들까지 설득할 수 있다면 더욱 확실할 것이다. 특히, 같이 스터디하는 투자자들에게 확인받으면 좋다. 남편이 아내를 설득할 수 있는 주택이라면 백화점이 근처에 있을 확률이 높다. 현대백화점을 예시로 들어보자. 우리나라에서 현대백화점 근처에 있는 아파트들이 어느 정도의 시세를 형성하고 있을까?

◆ 현대백화점 본사(삼성동)

◆ 현대백화점 압구정본점

◆ 현대백화점 더현대 서울(여의도)

◆ 목동, 신촌, 신도림역, 천호점, 미아점, 판교점, 부천 중동점, 킨텍스점

◆ 청주시 복대동 충청점, 대구점, 울산점, 부산점 등

현대백화점뿐만 아니라 신세계백화점, 롯데백화점 등 백화점은 기본적
으로 입지가 좋은 곳에 있다. 소득이 높은 곳에, 물건을 잘 팔 수 있는 곳에
백화점을 지어야 장사가 잘되므로 기업들이 철저히 분석하고 들어간다. 백
화점은 기본적으로 인구수가 50만 이상인 도시에 들어선다. 그래서 수요
를 볼 때 어느 정도 인구수가 있는 도시들을 살펴보는 것이다. 내 배우자를
설득하려면, 백화점이 있어야 한다.

 :: 제이크의 One Point Lesson

숲을 보고 나무를 보는 단계에서, 아파트 단지를 선택하는 구체적인 기준은 다양하
다. 매매지수와 전세지수 패턴, PIR 저평가 구간, 입지 갭 투자와 평수 갭 투자를 통
한 전략, 학군과 자연환경 교통까지 조건을 많이 갖추면 갖출수록 성공 확률이 점점
더 올라갈 것이다. 입주장 급매까지 잡을 수 있다면 금상첨화다. 실패하지 않는 투
자를 위해 까다롭게 투자처를 잘 찾아보자!

6장

세금과 규제가 너무 많고 복잡한 데다 투자 지역과 상황이 다르다 보니, 앞으로 부동산 투자는 각자도생의 시기가 될 것이다. 똑같은 아파트를 투자해서 2억 원의 수익을 내더라도, 누군가는 대부분의 수익을 가져가는 반면 세금과 규제로 인해 남는 것이 거의 없을 수 있다. 그러므로 투자하기 전에 많은 연구가 필요하고, 본인에게 맞는 전략을 잘 짜야 한다. 모두에게 맞는 정답은 없다. 나에게 맞는 시기에, 가장 유리한, 가장 확률 높은 투자를 해야 한다. 리스크 관리와 세금 전략이 중요한 화두이므로, 이러한 전략을 살펴보고 자신에게 맞는 전략만 참고해보자. 누군가에게는 훌륭한 전략일 수 있지만 누군가에게는 별로일 수도 있으니, 본인이 놓인 상황에서 어떤지 생각해보고 참고하자.

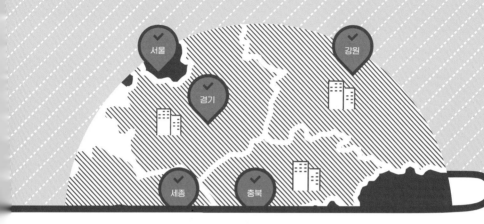

리스크 관리와
세금 전략

일부러 공실을
만든다고?

투자자에게 공실을 정말 무서운 것이거나, 피할 수 있으면 꼭 피해야 하는 것이다. 예를 들어 3억 원짜리 아파트를 사는데 2억 7천만 원 전세를 끼고 매수했다고 하자. 그러면 3천만 원만 있으면 투자가 가능했다. 하지만 전세가 만기가 되어 전세입자가 나간다고 하는데, 전세를 내놓아도 보러 오는 사람이 없다. 주변 시세를 찾아보니 전세는 2억 4천만 원으로 떨어져 있어서 결국 2억 4천만 원에 전세를 내놓아 새로 계약했다. 처음에는 여유자금 3천만 원으로 투자했는데, 추가적으로 3천만 원이 더 들었다. 그나마 이 정도면 다행이다.

2억 4천만 원에 내놓아도 전세가 나가지 않아서 계속 버티다가 공실이 되면, 난감해진다. 전세입자는 새로운 집으로 이사를 가야 하니, 나는 생돈

2억 7천만 원을 구해야 한다. 더군다나 대출 규제가 심해지면서 집 담보로 대출도 나오지 않는다. 이러한 경우는 정말 피하고 싶고 무서운 상황이다.

그런데 이제는 전략적으로 공실을 만들기도 한다. 규제가 촘촘해지면서 투자 상황도 자꾸 바뀌는 것이다. 일종의 리스크 관리 차원이다. 예전에는 전세 기간이 2년이어서 기간이 그리 길지 않았지만, 이제는 임대차법 적용으로 기본 4년이다. 2년과 4년은 큰 차이다. 이제 전세를 줄 때 4년은 생각하고 전세를 놓아야 한다는 뜻이다. 물론 새 정부 정책은 2년으로 환원시키는 것이 목적이지만, 현 임대차법에 따르면 넉넉잡고 4년을 생각해야만 한다. 다주택자의 경우 모든 집에 전세를 놓는다면 투자금을 줄일 수 있으므로 투자 효율은 올라가겠지만, 4년간 돈이 묶이는 셈이다. 돈이 묶여 있는데, 세계 경제 위기가 와서 자본시장이 무너지고 갑자기 돈이 필요해지면 어떻게 해야 할까? 그때는 집을 팔기도 힘이 들 것이다. 경제 위기가 오는데 누가 집을 사겠는가? 대부분 전월세를 원할 것이다.

그런데 여러 채 중에서 몇 채만 공실로 만들어두면 어떨까? 매도는 안 되더라도 전세는 놓기 수월할 것이다. 살 집은 무조건 필요하므로, 오히려 전세 수요가 늘어날 것이다. 그때 공실이었던 집에 전세를 놓는다면, 필요한 현금이 들어온다. 그 현금으로 급한 일을 처리하거나 위기를 막을 수 있고, 새로운 기회를 잡을 수도 있다. 그래서 필자는 투자 효율이 떨어지더라도 일부러 공실을 몇 채 둔다.

경제 위기가 오지 않더라도, 가끔 생각지도 못한 기회가 찾아올 때가 있다. 갑자기 청약에 당첨되었다든지, 급매를 운 좋게 만날 수 있다든지, 은근히 기회는 많다. 이때 현금이 없으면 기회를 잡지 못한다. 즉, 전체 현금을 몰빵하여 투자하면, 좋은 기회가 와도 현금이 없기 때문에 기회를 잡지 못한다. 하지만 일부러 공실을 만들어두면, 바로 팔아버리거나 전세를 놓을 수 있다. 전세를 놓으면 바로 현금이 들어온다. 그 현금으로 새로운 기회를 잡아보자.

이 전략은 3주택 이상 다주택자가 활용하면 좋다. 다주택자들은 매도하기도 한다. 매도하여 얻은 수익으로 조금 더 가져가고 싶은 주택을 공실로 만들어보자. 임대 기간이 끝나면 보증금을 돌려주고 내 현금을 넣어놓는 것이다. 분양권이 있다면, 분양권이 주택이 될 때 내 돈으로 잔금을 치러보자. 처음에는 돈이 놀고 있다는 생각에 별로 기분이 좋지 않겠지만, 기회는 반드시 온다. 그 기회가 왔을 때, 웃고 있는 자는 현금을 준비할 수 있는 자일 것이다. 만약 공실을 유지하면서 기다린 만큼 전세가가 더 오른다면, 그 또한 기쁠 것이다. 이런 전략은 불확실성 시대에 전세가 2년에서 4년으로 길어졌기 때문에 나온 것이다. 나에게 유리하다고 생각된다면 잘 활용해보자.

아파트 같은 오피스텔은
투자 메리트가 있을까?

예전에는 오피스텔은 투자하는 것이 아니라는 말이 많았다. 월세를 받는 수익형 투자이지, 시세 차익을 바라는 아파트 투자와 다르다는 것이다. 하지만 아파트 가격이 많이 상승하면서, 아파트처럼 주거 역할을 할 수 있는 오피스텔도 괜찮은 상품군으로 주목받고 있다. 안타까운 현실이지만, 아파트 투자에 대한 규제가 워낙 촘촘해지니 건설사에서도 투자자의 이목을 끌기 위해 오피스텔로 분양하는 경우가 많아졌다. 무늬만 오피스텔이지, 거의 아파트다. 즉, 아파트에 투자하려면 규제가 심해서 투자자들이 투자를 못 하지만, 오피스텔은 아직 규제가 허술해서 투자자의 접근이 가능하다. 그래서 건설사들은 아파트 같은 오피스텔을 짓고, 투자자들은 무늬만 오피스텔인 상품에 투자한다.

필자도 수익형보다는 시세 차익형 주택 투자를 즐겨 하기 때문에 재개발·재건축·분양권 아파트 등을 선호하는데, 오피스텔은 아파트처럼 면적이 크고 방과 화장실이 많은, 가족이 생활할 수 있는 곳에만 투자한다. 오피스텔로 되어 있지만, 세대수도 많고 아파트와 별반 다를 것이 없다면 투자로 생각해도 좋다. 물론, 숲을 보고 나무를 봐야 한다.

고양시의 예를 살펴보자. 백마역 근처의 더샵일산엘로이 1, 2, 3단지는 1,976세대 42층 규모로 2025년에 입주할 예정이다. 보통 이 정도 규모라면 아파트 수준이지만, 오피스텔로 분양했다. 규제를 피하면서 투자하고 싶은 투자자들의 니즈를 건설사가 알고 오피스텔로 분양한 것인데, 당연히 완판되었다.

그렇다면 분양가는 적정한지 살펴보자. 주변에 주상복합이나 오피스텔이 있으면 시세를 비교하면 된다. 오피스텔과 아파트, 주상복합은 면적의 기준이 다르기 때문에, 서로 다른 상품군끼리 비교할 때 주의해야 한다. 같은 전용면적이면 실제 느끼는 면적의 크기는 아파트>주상복합>오피스텔 순서다. 보통 신축오피스텔 84㎡가 신축 아파트 59㎡ 정도다. 더샵일산엘로이와 평면, 면적, 세대수, 층수 등 가장 비슷한 주택을 찾아보면 일산요진와이시티가 있다. 더샵일산엘로이에서 한 정거장 차이로, 대부분의 조건이 비슷하다.

아파트 실거래가 추이를 살펴보자. 일산이 상승하면서 이 주상복합 단지도 59㎡가 9억 원을 넘어섰고, 84㎡은 13억 원까지 상승했다. 그럼 더샵일산엘로이 84㎡는 보수적으로 9억 원 이하면 투자할 만하다는 결론이 나온다. 2021년에 줍줍 물량이 나왔고, 분양가는 대략 7억 원대였다. 이렇게

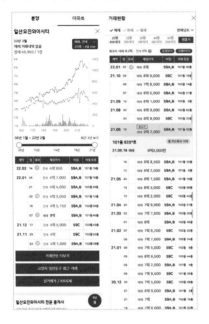

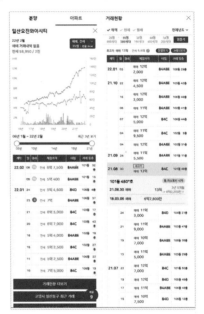

주변 시세와 비교했을 때, 저렴한 아파트 같은 오피스텔은 노려볼 만하다.

주변의 비슷한 상품군 대비 안전 마진을 확보했다면, 오피스텔 분양권이라

도 괜찮다. 단, 아파트와 매우 비슷한 오피스텔이어야 한다.

가성비 좋은 민간 임대아파트에 투자할 수 있다고?

35년 만에 자재값이 폭등하면서, 건설 현장이 셧다운될 위험까지 처했다. 물류비 상승 등 전 세계에서 돈 풀기가 본격적으로 인플레이션을 일으키고 있다. 철근콘크리트연합회는 철물, 각재 및 합판은 50%, 기타 잡자재의 가격은 40% 인상했고, 인건비 또한 20% 계약금 인상을 요구했다. 레미콘협의회도 건자회에 25% 이상 가격 인상을 요구하는 공문을 발송했다. 궁지에 물린 하도급 업체들이 계약금 인상을 요구하면서, 공급 위축과 분양가 상승을 일으킬 수 있다. 인테리어 비용도 몇 년 사이에 많이 비싸졌다. 앞으로 기존 신축, 분양권은 더 소중해질 것이며, 가격 상승은 인플레이션에 의한 것이라 어찌 보면 당연하다.

그냥 분양권에 투자해도 좋고, 민간 임대아파트 분양권에 투자하면 가

◈ 그림 6-3 전국 철근콘크리트 연합회 건설 자재비 및 인건비 급등에 따른 협조 요청

품목(자재비)	인상률	품목(자재비)	인상률
철물	50%	형틀 재래식	15%
각재 및 합판	50%	알폼 시공	30%
기타 잡자재	40%	철근 시공	10%

성비가 더 뛰어나다. 민간 임대아파트 분양권 중에 입주 후 8년 뒤에 분양가가 확정되는 곳이 있다. 예를 들면, 신광교 제일풍경채 민간임대아파트 분양권은 입주 후 8년 뒤 분양가가 30평대는 8억 원대, 40평대는 9억 원대로 확정이다. 지금은 분양권 상태이기 때문에 10년 뒤에 그 가격으로 계약을 맺는 것과 다름없다. 그런데 입주하고 8년까지는 매매가보다 낮은 전세로 살면서 그 아파트를 수년 뒤에 소유할 권리를 갖는 것이다.

다시 말해, 이 민간 임대아파트는 분양권부터 입주 후까지 약 10년 동안 주택 수에 포함되지 않는다. 주택 수에 포함되지 않기 때문에 취득세, 재산세, 종부세 등 세금이 없다. 그리고 팔고 싶을 때 팔 수도 있다. 즉, 주택을 투자해놓고 10년 동안 전세로 살면서, 인플레이션에 대한 상승분을 보유비용 없이 가져가는 것이다. 요즘같이 세금과 규제가 많은 시기에 유용한 상품이다. 특히 실거주 전세를 살면서 청약을 노리는 사람들도 이를 활용할 수 있다. 주택 수로 잡히기 때문에 아무것도 못하는 요즘 같은 시기에, 아주 훌륭한 틈새시장이다.

인플레이션으로 인해 자재와 인건비가 폭등하는데, 10년 뒤 신광교 아파트의 가격이 과연 8~9억 원보다 오를까, 내릴까? 민간 임대아파트는 신광교뿐만 아니라 전국적으로 많이 있다. 다만, 분양가가 주변 시세보다 저렴하면서 정확하게 확정된 곳만 추천한다. 간혹 분양 전환 시세의 80~90% 수준으로 계약하는 곳이 있는데, 그럴 경우 수익이 제한적일 것이다.

요즘은 옛날 임대아파트를 생각하면 안 된다. 수영장, 유아풀, 사우나, 피트니스, 필라테스룸, GX룸, 스크린 야구장, 탁구장, 체육관, 스크린 골프장, 골프 연습장, 도서관, 클럽라운지, 스터디룸, 독서실, 물놀이 놀이터, 단지 내 공원 조경, 조식 서비스 등 신축 아파트와 마찬가지로 갖추고 있다.

현금흐름과 시세 차익을 동시에,
생활형 숙박 시설

생활형 숙박 시설은 난이도가 높은 투자 방법이다. 기존의 주택과 다른 시설이라서 아무 곳에나 투자하면 망할 수 있다. 숙박 시설은 말 그대로 여행객들이 많이 가고 좋아하는 입지를 선택해야 성공할 수 있다. 코로나가 한창인 시기에 생활형 숙박 시설을 잘 골라놓으면, 여행이 정상화되었을 때 성공할 수 있을 것이다. 지금 보수적인 마인드로 접근하여 투자한다면 나쁘지 않을 것이다.

해외 여행객들이 가장 많이 찾는 곳은 서울과 부산이다. 서울에서는 외국인들이 주로 홍대, 서울역에서 숙박한다. 부산에서는 해운대와 부산역 근처다. 홍대와 해운대는 외국인들이 보았을 때도 활기찬 여행지다. 또 서울역과 부산역은 KTX가 연결되는 교통의 핵심지다. 이렇듯 여행지와 교통이 좋은 곳이어야 성공할 수 있다.

예를 들면, 부산역 KTX에서 내리면 바로 보이는 협성마리나G7이라는 생활형 숙박 시설이 있다. 부산역에서 구름다리로 직접 연결되어 있어서 교통이 정말 좋다. 그리고 북항에 오페라하우스를 비롯하여 각종 랜드마크들이 생길 예정이다. 홍콩, 미국 뉴욕, 캐나다 밴쿠버, 호주 시드니 등 항구도시들은 여행지로도 많이 발달했고, 집값은 전 세계적으로 손에 꼽힐 정도로 비싸졌다. 이렇게 멋진 항구도시가 될 부산 북항은 유명한 생활형 숙박 시설이 하나둘씩 차례차례 들어오고 있다. 게다가 2030 엑스포까지 실현된다면 굉장할 것이다.

생활형 숙박 시설에 투자하려면 이렇게 엄청난 변화가 있는 곳에 해야 한다. 지금은 공허한 허허벌판이지만, 공사가 다 끝난 후의 뷰와 야경을 상상해보자.

실제로 호재가 실현되는지 지켜봐야 한다. 현장에 직접 가보면 계획대로 트램 길과 차도가 건설 중인 것을 확인할 수 있다. 이렇게 실제로 실현되는 곳만 알아봐야 한다.

북항의 생활형 숙박 시설은 해운대에 비하면 아직 평단가가 저렴하다. 부산에 산업은행 등 국책 금융기관을 이전한다는 소식도 있다. 또, 북항에는 넷플릭스, 디즈니, 아마존, 마이크로소프트 등 글로벌기업을 유치하겠다는 계획이 있다. 테마파크까지 건립 예정이다. 모두 다 이루어지지는 않겠지만, 부산 북항에서는 고급 일자리 유치를 위해 노력하고 있다.

그래서 북항의 개발을 보고 시세 차익을 노릴 수도 있고, 보유하면서 수익형 현금 흐름을 낼 수도 있다. 멋진 뷰를 가지고 있기 때문에 높은 월세도 받을 수 있고, 월세가 아니더라도 레지던스처럼 숙박 위탁업체에 맡기면 숙박 수입도 얻을 수 있다. 위탁업체에 숙박업을 맡기면 수수료를 가져가지만 알아서 운용해주기 때문에 마음 편하게 수익을 만들 수 있다. 은행 이자 정도의 수익률을 가져가면서 동시에 시세 차익도 노릴 수 있는 것이다. 요즘 유행하는 꼬마빌딩 투자도 비슷한 관점에서 접근하는 셈이다.

이러한 투자는 큰돈이 투자되기 때문에 부산 북항 개발처럼 돈이 계속 몰리는 곳에만 관심을 가져야 한다. 기존의 소액 투자와는 다른 투자 방법이다. 단순히 수익률 측면에서 접근하는 것이 아니고, 큰돈을 투자할 수 있는 안정성과 그에 따른 시세 차익, 그리고 은행에 넣어놓는 것과 비슷한 현금 흐름을 모두 가져가는 전략이다. 이 방법도 주택시장에서 파생된 틈새 시장이기 때문에, 본인에게 맞는 방법이라고 생각하면 접근해야 한다.

세금 쿨하게 내고, 마일리지로 퍼스트 타고 해외여행 가자

요새 너무 많은 취득세, 양도세, 재산세, 종부세 등 각종 세금 때문에 투자자들이 힘든 것은 사실이다. 필자도 세금이 많이 부담되지만, 그 대신 항공 마일리지를 쌓는 것을 낙으로 삼는다. 필자가 여행을 좋아하는 이유도 있지만, 유용하기도 하다. 세금 규모가 커지다 보니 필자도 몇 건의 매도 양도세로 쌓은 마일리지로, 세계 각지를 퍼스트클래스로 왕복할 수 있다. 비즈니스도 아니고 퍼스트클래스는 돈이 많이 든다. 그러나 적립한 마일리지를 사용하여 예약하면 소정의 유류비만 부담하면 된다.

실제로 예약해보니, 인천에서 뉴욕까지 편도는 8만 마일, 왕복은 16만 마일이 필요하다. 마일리지는 세금을 카드로 내면서 쌓을 수 있고, 가족도 마일리지를 쓸 수 있다. 어차피 낼 세금 쿨하게 내고, 여행을 럭셔리하게 즐겨보자.

세금 금액이 큰 것은 보통 국세로, 양도세와 종부세가 있다. 양도세는 현재 KB국민 FINETECH(마일리지 대한항공) 카드로 세금을 납부할 경우 마일리지를 적립할 수 있다. 카드 혜택은 수시로 바뀌니 매번 체크하고, 그 혜택이 막힌다면 다른 카드를 찾아보자. 사실 적립 가능한 카드 중에 현재 발급 중단된 것이 많아서, 몇몇 개만 남아 있는 상태다. 그래도 혜택을 볼 수 있는 카드들을 놓치지 말고 미리 만들어놓자.

지방세인 취득세와 재산세는 삼성카드&마일리지 플래티넘(스카이패스) 카드로 삼성기프트카드를 구매한 후, 기프트카드로 지방세를 납부하면 마일리지를 적립할 수 있다. 처음에는 다소 복잡할 수 있으나, 한 번만 익혀두면 그다음부터는 쉽다. 필자가 가장 힘들었던 점은 분할 납부인데, 금액이 크다 보니 반드시 분할 납부를 해야 한다. 이것도 가능하니 방법을 익혀두자. 우선 양도세는 국세청 홈택스에서 '신고·납부→세금 납부→국세 납부→납부할 세액 조회 납부'에서 원하는 만큼 분할해서 납부할 수 있다. 분할하는 횟수의 제한은 없으니, 본인의 카드 한도만큼 분할해서 납부하면 된다. 취득세를 납부할 때도 등기소에서 분할 납부를 원하니 고지서를 분할하여 발행해달라고 요청하면 된다. 그리고 미리 준비해둔 삼성기프트카드 여러 장으로 분할해서 납부한다.

🔽 그림 6-4 국세청 홈택스 국세 분할 납부 방법

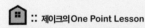

:: 제이크의 One Point Lesson

자발적으로 공실을 만들어서 리스크 관리를 할 수 있고, 아파트를 대체할 수 있는 오피스텔, 민간 임대아파트, 생활형 숙박 시설까지 틈새시장을 공략할 수도 있다. 또 세금을 내면서 나에게도 선물을 주는 방법도 있다.

누구나 할 수 있는
부동산 빅데이터 투자법

빅데이터라고 거창한 것이 아니다. 특히, 부동산 관련 데이터는 KB부동산, 한국부동산원, 통계청에서 데이터를 모두 제공하므로 가공하면 된다. 즉, 조금만 부지런하면 누구나 다 쉽게 빅데이터 분석을 해볼 수 있다. 필자도 코딩을 할 줄 모른다. 누구나 엑셀만 조금 할 줄 알면 필자와 같이 분석할 수 있다.

2장에서 보았던 매매지수와 전세지수는 KB부동산에서 매주 업데이트된 내용을 발표한다. 네이버 같은 검색 포털에서 'KB부동산'을 검색하고 사이트에 들어가면 부동산 매물을 담은 지도가 나온다. 왼쪽 상단에 삼선 모양을 클릭하면 KB통계를 볼 수 있는 창이 나온다. 그곳에서 KB 통계를 누른다.

KB 통계를 누르면 새 창이 뜨면서 KB 통계 자료실로 연결되는데, 주간

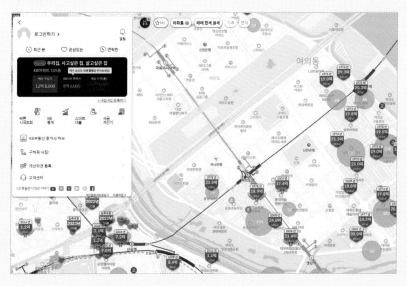

통계와 월간 통계가 있다. 정말 긴 시계열로 보려면 월간 통계로 보고, 좀 더 세밀하게 보고 싶으면 주간 통계를 많이 참고하면 된다. 주간 시계열이라는 엑셀 파일을 다운로드받는다. 이 자료는 매주 업데이트되어 올라오니, 일주일에 한 번씩 데이터를 추가하여 분석할 수 있다.

첫 페이지에는 그 주의 매매가와 전세가의 상승률이 높은 지역과 하락률이 높은 지역이 나온다. 이 장표를 보고 이번 주에 흐름이 좋았던 지역을 대략 짐작할 수 있다. 이렇게 매주 흐름을 체크할 수도 있지만, 조금 더 긴 시계열을 보고 분석하고 싶다면 매매지수 탭과 전세지수 탭으로 가보자. 전국의 시군구 매매지수와 전세지수가 일주일 단위로 기록되어 있는 14년간의 빅데이터가 있다. 월간 자료는 20년 이상 데이터까지 볼 수 있다. 이 데이터

들을 갖고 엑셀로 차트도 만들어볼 수 있고 분석할 수 있는 것이다.

4장에서 살펴보았던 상승 여력 차트도 전세지수-매매지수라는 간단한 수식을 기반으로 차트화한 것이다. 결국 기초 데이터는 여기서 볼 수 있는 매매지수와 전세지수가 전부다. 간단하고도 쉽다.

3장에서 매수 타이밍을 잡을 때 활용한 매수우위지수도 KB부동산에서 확인 가능하다. 같은 엑셀 시트 내 아래 탭 중에 '매수매도'라는 탭이 있다. 여기서 매수우위지수를 바로 볼 수 있다. 매수우위지수 데이터를 엑셀의

🔽 그림 7-3 KB부동산 통계 주간 시계열

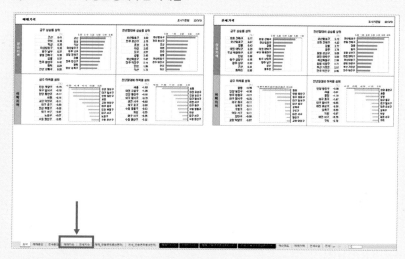

🔽 그림 7-4 KB부동산 통계 주간 시계열 매매지수

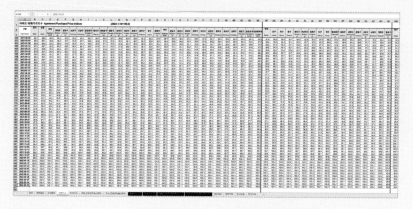

삽입 기능에서 여러 가지 모양의 차트로 표시할 수 있다.

이렇게 데이터는 우리 주변에 많다. 하지만 이 데이터를 어떻게, 얼마나 분석할 수 있느냐에 따라 수익률이 달라질 것이다. 필자가 깨달은 방법을

그림 7-5 KB부동산 통계 주간 시계열 전세지수

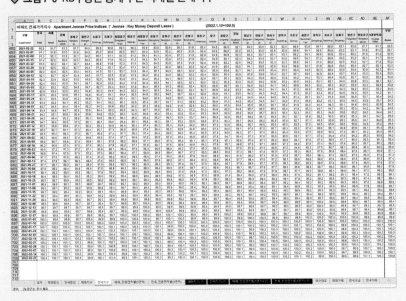

그림 7-6 KB부동산 통계 주간 시계열 매수우위지수

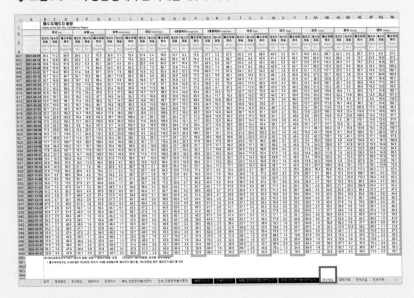

잘 익혀서 나만의 것으로 만들고 조금이라도 더 높은 확률의 수익을 가져 가기 바란다.

주간 시계열뿐만 아니라, 월간 시계열로도 활용해볼 수 있는 데이터들 이 많다.

◈ 그림 7-7 KB부동산 월간 시계열

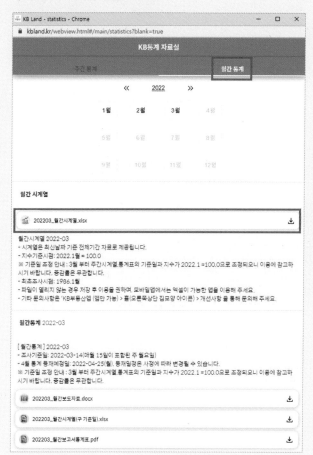

◈ 그림 7-8 KB부동산 월간 시계열 아파트매매전세비

APT 매매가격 대비 전세가격 비 Ratio of jeonse to purchase price for enertment																					본 통계는 표본조사로 집계된 통계이오니 이용에 참고하시기 바랍니다.

◈ 그림 7-9 KB부동산 월간 시계열 전세수급

4장 [Bonus]에서 살펴본 '전세가의 힘'은 KB부동산 월간 시계열 28번 탭에 '아파트매매전세비'에 실려 있다. 전세수급지수 또한 23번 '전세수급' 탭에서 확인 가능하다.

5장에서 살펴본 평수 갭 투자의 면적별 아파트 매매 평균값 비교도 월간 시계열 엑셀에서 57번 탭 데이터들을 이용한 것이다. KB부동산에서 매월 데이터를 업데이트해주니, 쉽게 차트만 그려서 분위기를 파악하면 된다. 알고 보면 참 쉽고 재미있는 데이터 활용법이다.

◈ 그림 7-10 KB부동산 통계 월간 시계열 면적별 아파트 매매 평균

면적별 아파트 매매평균가격 Apartments Mean Price by housing subscription size

년도	전국 대형	중대형	중형	중소형	소형	서울 대형	중대형	중형	중소형	소형	경기 대형	중대형	중형	중소형	소형	강남 대형	중대형	중형	중소형	소형	5대광역시 대형	중대형	중형
3	94,799	60,625	40,366	35,088	24,315	195,214	121,809	102,833	79,158	62,507	145,693	92,272	79,749	66,621	43,527	210,890	141,755	123,032	94,793	78,767	61,666	43,886	39,498
4	94,937	60,884	48,582	35,298	24,427	195,127	121,954	103,056	79,567	62,739	148,036	92,616	80,292	67,254	43,960	210,067	141,764	122,979	94,924	78,663	61,890	44,144	39,606
5	95,089	61,017	48,761	35,396	34,479	195,214	122,031	103,117	79,654	62,730	146,126	92,865	80,408	67,488	44,067	210,754	141,725	122,989	94,828	78,556	62,044	44,320	39,768
6	95,933	61,768	49,390	35,833	24,779	196,533	123,024	103,878	80,049	63,483	149,019	94,205	81,491	68,503	45,018	212,334	142,535	123,468	95,834	79,141	62,749	44,998	40,218
7	97,566	63,040	50,369	36,594	25,385	199,841	125,119	105,714	83,137	65,588	148,054	96,274	83,776	70,088	46,680	218,168	144,272	126,785	98,662	81,551	63,550	45,587	40,740
8	98,924	64,207	51,301	37,254	25,872	202,092	126,199	109,169	85,490	67,515	151,213	98,222	85,017	72,923	49,704	218,988	149,145	129,779	101,101	83,467	64,204	46,153	41,149
9	100,730	65,677	52,208	37,955	26,367	208,277	131,812	111,150	87,835	69,515	154,649	100,921	87,183	75,188	50,642	222,921	152,672	132,123	105,808	85,519	65,471	46,920	41,714
10	102,115	66,408	52,706	38,382	26,643	208,165	133,067	112,522	88,986	70,521	155,927	102,268	89,109	76,240	51,503	224,629	153,805	133,010	104,875	86,047	66,583	47,375	42,118
11	104,548	68,153	53,937	39,274	27,074	210,777	135,454	113,918	90,729	71,812	157,675	104,850	90,241	78,082	52,753	227,588	156,525	134,636	106,525	87,974	69,228	49,145	43,476
12	106,564	69,746	55,458	40,087	27,529	213,029	137,578	115,847	92,151	72,883	159,381	106,308	92,181	79,357	53,558	230,012	158,684	136,555	108,684	89,263	69,639	49,412	43,745
'21.1	108,827	71,327	56,649	40,954	27,854	215,917	140,042	118,064	93,921	73,982	160,816	108,494	94,464	80,965	54,716	235,229	161,345	138,715	110,079	90,316	73,284	51,765	46,223
2	110,916	73,205	58,006	41,978	28,569	218,671	142,874	120,831	95,947	75,402	162,673	110,635	96,198	82,519	56,228	236,390	164,812	142,131	112,248	91,781	74,779	53,047	47,005
3	112,438	74,690	59,187	42,922	29,194	221,106	145,321	123,046	97,029	76,789	165,565	113,136	98,617	84,464	57,563	238,689	167,054	144,423	114,048	93,093	76,007	54,113	47,803
4	113,983	75,809	60,868	43,615	29,684	223,391	146,546	124,844	98,858	77,578	160,889	114,271	100,089	85,432	58,517	240,206	169,832	145,153	115,153	93,747	76,340	54,955	48,309
5	115,294	76,779	60,811	44,205	30,127	225,771	148,405	125,899	99,585	78,496	171,065	115,481	100,984	86,422	58,425	243,094	170,737	147,695	115,728	94,008	78,344	55,906	48,542
6	117,493	78,388	62,001	45,089	30,751	229,690	151,047	128,173	101,282	79,769	174,365	117,178	102,321	88,140	60,759	247,207	173,919	150,795	117,828	95,890	80,102	57,330	49,462
7	119,007	79,654	62,826	45,809	31,334	232,096	153,051	129,615	102,464	80,897	177,176	119,201	103,451	89,257	61,862	250,908	176,336	152,519	118,935	97,149	81,201	58,267	50,203
8	120,973	81,099	64,020	46,823	32,173	237,097	155,394	131,574	104,201	82,688	180,650	119,974	105,498	90,757	63,506	254,967	179,312	155,142	120,968	98,916	82,373	59,477	51,049
9	123,164	82,609	65,225	47,785	33,033	239,157	155,753	134,488	106,003	84,589	183,400	119,548	107,838	92,498	65,104	259,494	181,648	157,809	122,112	99,301	84,986	60,502	51,683
10	125,343	83,960	66,221	48,535	33,520	247,301	159,598	141,957	109,964	85,413	188,402	123,945	110,988	95,239	66,678	266,433	184,868	160,267	127,276	100,059	83,504	61,877	53,843
11	127,979	85,649	73,474	51,522	34,107	254,459	162,333	149,778	114,309	86,432	194,272	125,930	112,985	97,300	70,403	274,535	187,737	173,896	132,808	99,301	87,358	63,380	58,221
12	129,266	86,461	74,872	52,396	34,064	258,024	163,552	152,869	116,225	86,516	197,103	126,900	114,352	98,448	71,609	278,592	189,394	177,187	134,379	98,908	88,191	64,057	57,302
'22.1	129,970	87,316	76,386	53,288	34,075	260,531	164,877	155,320	118,194	86,606	199,057	127,953	115,817	99,623	72,830	281,555	191,169	180,149	136,824	98,849	89,062	64,786	58,413
2	131,075	88,211	78,078	54,185	34,089	261,590	165,841	156,320	118,734	86,693	201,598	129,093	117,315	100,813	74,045	285,558	193,061	183,664	138,667	96,341	89,947	65,536	59,539
3	132,000	88,951	79,459	54,903	34,063	267,009	167,502	161,059	121,798	86,773	203,778	130,019	118,525	101,767	75,008	289,201	194,684	184,268	140,746	98,126	90,893	66,151	60,441

공급 데이터는 아실, 호갱노노, 부동산114, 부동산지인 등 많은 웹사이트에서 제공하고 있다. 몇 년 전만 해도 이렇게 좋은 사이트들이 없어서 일일이 분양 예정 물량을 체크하고 엑셀로 정리해야 했다. 지금은 분석하기 참 좋은 세상이다. 직접 데이터를 확인하고 싶다면, 부동산114에서 분

양 일정을 통해 앞으로 3년 분양 예정물량을 엑셀로 정리해보자. 또, 한국부동산원 사이트에서 부동산 통계 R-ONE 시스템에도 들어가보자. 그곳에 가면 KB부동산 데이터처럼 각종 주택에 관한 매매지수, 전세지수 등 여러 데이터들을 확인하고 다운로드할 수 있다. 공급·재고·기타에서 주택 공급을 클릭해보면, 주택건설 인허가 실적부터 착공 실적, 준공 실적, 미분양 주택 현황까지 찾아볼 수 있다. 지역마다 차이는 있지만, 보통 입주 6년 전에 인허가 실적 데이터를 보고 대략 물량을 추정하고, 입주 3년 전에 착공 실적을 본다. 인허가 실적은 취소될 수도 있기 때문에, 필자는 착공 실적을 토대로 앞으로 3년을 추정한다. 미분양 현황도 월간 단위로 파악할 수 있으니 좋다. 미분양 데이터 차트는 《저평가된 알짜 아파트 한 채》에서 자세히 다루었다. 참고해보자.

📍 **그림 7-11 부동산 114 분양 일정**

◈ 그림 7-12 한국부동산원 사이트

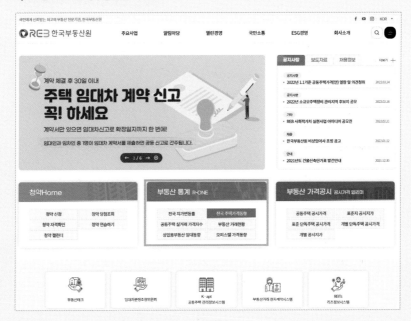

◈ 그림 7-13 한국부동산원 부동산 통계 R-ONE 공급/재고/기타 통계 리스트

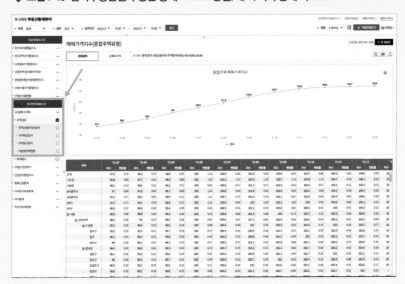

이레미디어 베스트셀러

윌리엄 오닐의 이기는 투자

윌리엄 오닐 지음 | 이혜경 옮김 | 284쪽 | 17,500원

윌리엄 오닐은 전설적인 투자자로 30세에 뉴욕 증권거래소 최연소 회원이 된 인물이다. 그가 고안한 CANSLIM 법칙은 여전히 주식시장에서 시장을 이기는 최상의 전략으로 통한다. 이 책은 그런 그가 45년간 주식시장을 종합적으로 연구 · 분석하며 찾아낸 시장의 작동 원리와 지침을 다루고 있다.

차트의 해석

김정환 지음 | 504쪽 | 23,000원

베스트 애널리스트이자 최고의 기술적 분석가인 저자 김정환의 스테디셀러인 《차트의 기술》의 심화 편이라고 할 수 있다. 《차트의 기술》이 기술적 분석을 위한 기초를 다지게 했다면, 《차트의 해석》은 기술적 분석에 관한 지표나 매매 전략의 의미를 명확히 하여 실제 시장과 종목의 움직임에 대응하는 방법을 알려준다.

ETF 처음공부

김성일 지음 | 524쪽 | 21,500원

《ETF 처음공부》는 '자산배분의 대가'로 불리는 김성일 작가의 신작으로 ETF의 기본 개념과 용어 설명은 물론이고 국가별·자산별·섹터별 투자 가능한 ETF들과 투자성과까지 조사한 책이다. 저자는 투자 포트폴리오는 물론이고 ETF별 수익률을 낱낱이 공개하며 초보자로 하여금 보다 안전한 투자를 할 수 있게끔 도와준다.

투자를 잘한다는 것

배진한 지음 | 264쪽 | 17,500원

구독자수 24만 명 레슨몬TV의 배진한 저자가 쓴 책이다. 그는 대륙제관, 국일제지 등 다수의 회사에 5% 이상의 지분취득을 신고하였고, 여러 종목에서 1,000% 이상 수익을 올린 슈퍼개미. 500만 원 투자로 수백억 원의 자산을 이루기까지 슈퍼개미 배진한의 성공노하우를 이 책 한 권에 모두 담았다.

현명한 반도체 투자

우황제 지음 | 448쪽 | 19,500원

광범위한 반도체 산업의 이론적인 디테일을 쉽게 풀어 반도체 소재·설계·장비 분야의 투자까지 연결할 수 있도록 도와주는 유일무이한 책이다. 전기전자공학을 전공하고 10년이 넘는 세월 동안 산업의 구별 없이 200개 이상의 기업에 대해 보텀업과 톱다운 분석을 꾸준히 진행해온 저자의 내공이 담겨 있다.

차트의 기술

김정환 지음 | 496쪽 | 22,000원

국내외의 다양한 투자 사례와 해박한 동서양의 인문지식으로 누구나 쉽게 이해할 수 있도록 설명하는 책이다. 최근 기본적 분석과 기술적 분석에 이어 제3의 분석법으로 각광받고 있는 심리적 분석법을 사례를 들어 설명하며 독자들의 이해를 높인다.

반도체 제국의 미래

정인성 지음 | 440쪽 | 18,500원

4차 산업혁명 시대, 반도체는 선택의 문제가 아닌 생존의 문제이다. 미국의 공세, 중국의 야망, 대만·일본의 추격… 치열한 경쟁의 세계에서 우리 삶을 좌우할 새로운 제국은 누가 차지할 것인가. 삼성전자, 인텔, TSMC, 엔비디아 등 21세기 승자의 법칙을 통해 흔들리는 패권 속 미래를 전망해본다.

엘리어트 파동이론

엘리어트 지음 | 이형도 엮음 | Robin Chang 옮김 | 309쪽 | 14,500원

금융시장의 핵심 이론 중 하나인 '엘리어트 파동이론'의 원전을 만난다. 엘리어트는 66세가 넘어 처음 주식시장에 발을 들였고 사망하기 전까지 10년간의 활동으로 전 세계 금융시장에 일대 충격파를 던졌다. '파동이론'은 지금도 금융시장의 분석도구로 유용하게 사용되고 있다.

오토 워

자동차미생 지음 | 252쪽 | 17,000원

《오토 워》는 전기자동차와 자율주행으로 대변되는 모빌리티 세상의 과거, 현재, 미래를 현실적으로 바라보게 하는 책이다. '자동차의 도시' 디트로이트 현직 자동차 엔지니어가 바라본 앞으로 10년, 자동차 산업의 모든 것이 이 책에 고스란히 담겨 있다.

실전 공매도

김영옥 지음 | 368쪽 | 18,500원

실전투자대회에 참가하여 수차례 수상한 저자는 20여 년간 트레이딩을 성공적으로 해왔고, 자신의 매매(매수·공매도)와 수익을 직접 책에 인증했다. 그는 이 책에 필승 매수 기법을 포함하여 개인투자자가 직접 공매도(대주, 대차, CFD) 거래를 통하여 수익을 내는 기법을 국내 최초로 공개했다.

어느 주식투자자의 회상

에드윈 르페브르 지음 | 박성환 옮김 | 452쪽 | 14,800원

이 책의 작가 에드윈 르페브르는 20세기 전반 주식시장을 주름잡던 '월스트리트의 황제', '추세매매법의 아버지' 제시 리버모어를 인터뷰하여 만든 가공의 인물 래리 리빙스톤을 통해 현대의 금융시장을 이해하는 핵심적인 코드이자 주식시장을 간단히 꿰뚫어버릴 수 있는 해법을 소개한다.

스티브 니슨의 캔들차트 투자기법

스티브 니슨 지음 | 조윤정 옮김 | 김정환 감수 | 376쪽 | 27,000원

전 세계 투자자들에게 캔들차트 분석의 바이블로 불리는 《Japanese Candlestick Charting Techniques》의 번역서가 14년 만에 리커버판으로 다시 돌아왔다. 저자인 스티브 니슨은 이 책을 통해 처음으로 서구 세계에 캔들차트의 배경 지식과 실제적 활용법을 소개했다.

개장 전, 아직 켜지지 않은 모니터 앞에서

강민우(돈깡) 지음 | 248쪽 | 16,000원

'MZ 세대 투자의 아이콘', 40만 인기 유튜버 '돈깡'의 이야기. 그 무엇도 아닌 자신이 되고자 했던 지난 12년간의 치열한 기록을 담았다. 어떻게 자신을 다잡고, 어떤 방식으로 시장을 바라보고, 종목을 분석하고, 공부하는지 등 돈깡이 주식하는 법을 엿볼수 있다.

채권투자 핵심 노하우

마경환 지음 | 403쪽 | 22,000원

이 책은 어렵게만 느껴졌던 채권투자의 핵심을 투자자의 눈높이에 맞추어 속 시원히 알려준다. 어려운 학술적 정의나 이론은 배제하고 채권의 기본부터 경기 상황별 투자법, 채권펀드 선택법 등 소중한 투자 자산의 관리 전략을 수립할 수 있도록 도와준다.

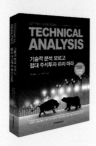

기술적 분석 모르고 절대 주식투자 하지 마라

잭 슈웨거 지음 | 이은주 옮김 | 448쪽 | 21,000원

선물, 헤지펀드 전문가이자 《시장의 마법사들》을 비롯한 다수의 베스트셀러를 낸 잭 슈웨거가 실전과 경험을 통해 터득한 기술적 분석의 개념과 기법을 공개한다. 이 책은 추세, 박스권, 차트 패턴, 손절매, 진입, 포지션 청산, 피라미딩 접근법과 같은 기술적 분석의 개념과 이론을 알기 쉽게 설명하고 있다.

차트 패턴

토마스 N. 불코우스키 지음 | 조윤정 옮김 | 419쪽 | 24,000원

세계 최고의 차티스트인 토마스 불코우스키는 25년 동안 주식을 매매하며 게으른 사람은 흉내도 못 낼 성실함과 믿기지 않을 정도의 분석력으로 3만 8,500개 이상의 차트를 조사 및 연구하여 놀라운 수익을 거두었다. 《차트 패턴》에서 그 패턴을 시뮬레이션하여 엄밀한 과학적 수치로 결과를 제시한다.

3년 만에 순자산을 10배 이상 키운 제이크 차의

인플레이션 시대, 상승할 아파트 하락할 아파트

초판 1쇄 발행 2022년 8월 26일

지은이 제이크 차

펴낸곳 ㈜이레미디어
전화 031-908-8516(편집부), 031-919-8511(주문 및 관리)
팩스 0303-0515-8907
주소 경기도 파주시 회동길 219, 사무동 4층 401호
홈페이지 www.iremedia.co.kr **이메일** mango@mangou.co.kr
등록 제396-2004-35호

편집 한홍, 이병철 **디자인** 황인옥 **마케팅** 박주현, 연병선
재무총괄 이종미 **경영지원** 김지선

ISBN 979-11-91328-60-8 03320

· 가격은 뒤표지에 있습니다.
· 잘못된 책은 구입하신 서점에서 교환해드립니다.
· 이 책은 투자 참고용이며, 투자 손실에 대해서는 법적 책임을 지지 않습니다.

당신의 소중한 원고를 기다립니다.
mango@mangou.co.kr